丛书编委会

总　策　划：来新国　王文成

编委会主任：郭齐勇　周晓亮

编　　　委：来新国　陈知涯　张　彧　尹格韬　沈　众

王文成　孟淑贤　周长志　罗养毅　秦　丹

乌　琛

大家精要

冯桂芬

郑雯 著

陕西师范大学出版总社

图书代号 SK16N1472

图书在版编目（CIP）数据

冯桂芬/郑雯著. —西安：陕西师范大学出版总社
有限公司，2017.1（2024.1重印）
（大家精要）
ISBN 978-7-5613-7661-4

Ⅰ.①冯…　Ⅱ.①郑…　Ⅲ.①冯桂芬（1809—
1874）—传记　Ⅳ.①K827=52

中国版本图书馆CIP数据核字（2016）第320871号

冯桂芬　FENG GUIFEN

郑　雯　著

责任编辑　陈柳冬雪
责任校对　郑若萍
封面设计　张潇伊
出版发行　陕西师范大学出版总社
　　　　　（西安市长安南路199号　邮编 710062）
网　　址　http://www.snupg.com
印　　制　永清县晔盛亚胶印有限公司
开　　本　650 mm×930 mm　1/16
印　　张　10
字　　数　100千
版　　次　2017年1月第1版
印　　次　2024年1月第2次印刷
书　　号　ISBN 978-7-5613-7661-4
定　　价　45.00元

读者购书、书店添货或发现印刷装订问题，请与本公司销售部联系、调换。

电话：（029）85303879　　传真：（029）85307864　85303629

目　录

第1章

新桥巷的少年岁月

商人世家：冯氏家族

嘉庆十四年（1809）九月初十，坐落于苏州西南盘门附近新桥巷的冯宅，又一次迎来了新生命的降临。新生儿出生之际，正值吴地丹桂花开，暗香浮动，月影疏离，喜得贵子的冯氏夫妇为了庆贺这个新生儿的到来，给他起名为桂芬。这个新生儿正是对中国近代思想有着深刻影响的思想家冯桂芬。

冯桂芬出生之时，发生了一件极其有趣的事。冯母在临盆前的一个夜晚，梦见一位老僧路过家门口，老僧听闻冯府即将迎来新生儿，特献上苹果一枚，以示祝贺，并同时预言此新生儿为"此佳种，幸留之，不能多也"。因此，冯桂芬又别号"梦奈"（"奈 nài"为苹果的一个品种，通称奈子，又名"花红"），此别号因梦而起。

冯桂芬出生地——盘门，属于现今江苏省苏州市。苏州，早在嘉庆时期就已成为江南一带最繁华的城市之一。苏州交通便利，陆路水陆运输发达，带动了整个城市工商业的兴起。商业的发展，使得整个地区更加富庶，同时也推动了文化的兴盛与发展，苏州缘此获得"人间天堂"的美誉。盘门坐落于苏州古城区西南隅，拥有久负盛名的瑞光古塔和绝无仅有的水陆城门，是当时出入苏州的交通要道。新桥巷在盘门地区，闹中取静。出巷，有发达的交通，可以到达苏州城各个角落，还有通往周边县市的道路；入巷，则杨柳依依，粉墙黛瓦，孩童巷内嬉戏玩乐，老人在巷口摇车纺线，是极适宜定居的地方。因冯氏家族代有经商之人，故族人选择新桥巷定居，一则交通发达，运输方便；二则闹中取静，宜居宜家。

据相关资料显示，冯氏家族先祖本居于湖南，宋元时期才迁居至江苏常熟，大约在明弘治年间（1488~1505）再迁至苏州定居。关于冯桂芬的先祖，根据可考资料记载，可以追溯至其九世祖——冯宽（生卒年约为明代中叶）。据史料记载冯宽年轻之时曾在八甲吴朱雷名下当丁，因在军队里贡献颇大获得升迁，官至百户公，隶属常熟营管辖。冯宽入赘在常熟许氏家为女婿，一生育有二子，长子名恩，日后一直生活在常熟；次子名惠（1496~1580），字瞻云，后改归冯宗，即冯桂芬的八世祖。

冯惠少年时期居住在常熟，后因生活原因迁居至苏州长洲镇。冯惠头脑活络，思维开阔，颇善经营。青年时期就开始作贸易生意，后又转而经营当铺，家境也渐渐富裕起来。冯氏族谱对冯惠的记载，称其为人"乐善好施，乡里称之"。明朝弘治年间，冯惠在苏州城外山塘东北选址建造宅邸，当时宅邸所在小巷被称为冯家浜，冯家此后便自称为苏州府长洲县人。冯惠一生育有三子，分别为长子冯節（1519~1588），号云泉；次子冯箴（1529~？），号云溪；三子冯策（1564~1625），号云山。

冯策，为冯桂芬的七世祖。其出生时，冯惠已经六十八岁，两个哥哥冯节、冯范也分别为四十五岁、三十五岁，早已成家独立分居生活。冯惠以自己年迈难以抚养为由，让长子冯节代为照顾幼子冯策的生活。冯策十六岁时，冯惠去世，不久一直照顾自己成长的长兄冯节也去世了。仲兄冯范希望小弟能够继承父亲冯惠作生意的传统，于是亲自教小弟学习作生意，并资助他以开米铺为业。冯策一生育有四子，分别为冯近质、冯近贤、冯近贞、冯近资。

冯近贤（1589~1638），为冯桂芬的六世祖。冯近贤继承了其父冯策的家业，一生从商。冯近贤自己育有二子，长子为时庆、次子为时遇。有一养子，名时际。

冯时庆（1628~1692），字君余，为冯桂芬的五世祖。冯时庆十一岁时，其父冯近贤去世。冯时庆少年失怙，完全依靠同族堂兄抚育成人。冯时庆一生子嗣颇多，育有七子，属于之字辈，分别为冯之镐、冯之铎、冯之铭、冯之铉、冯之鉴、冯之镒、冯仁。

冯之铉（1662~1719），字奇英，为冯桂芬四世祖。冯之铉仅育有一子冯义谟，字尧初，生卒年不详，为冯桂芬曾祖父。

冯义谟育有三子，分别为冯礼端、冯礼进、冯礼瑞，属于礼字辈。冯桂芬做官以后，冯义谟被追赠为荣禄大夫，其夫人王氏被追赠为一品夫人。其三子中，冯礼瑞为冯桂芬的祖父。

冯礼瑞（1733~1778），字云文。冯桂芬做官后，被追赠为奉直大夫，晋赠中宪大夫，累赠荣禄大夫，其夫人钱氏，追赠宜人，晋赠恭人，累赠一品夫人。礼瑞生三子，分别为冯智愿、冯智息、冯智懋，其中冯智懋为冯桂芬的父亲。

冯智懋（1770~1850），字明扬，号春圃。冯智懋九岁的时候，其父冯礼瑞去世了。因为父亲的早逝，冯智懋的成长过程中一直缺少父亲的关爱。虽然整个家族因历代经商而家境富裕，但各房之间经济纠纷较多，且主管整个家族事务的兄长时常挥霍无度，使得冯智懋少年时期的生活非常困窘，生活经济来源主要依靠母亲做手工活儿挣钱。为了避免家族生活的纷扰给儿子成长带来不利的影响，冯智懋的母亲决定迁居，另寻幽静居所，独自抚养儿子读书成长。多年后，时任江苏巡抚的林则徐曾为冯母迁居的小屋题匾"贞传移杼"，称赞冯母为了儿子的教育而迁居一举有"孟母三迁"之德。

由于父亲的早逝，家境的衰退，冯智懋不得不在十四岁的时候被迫放弃学业去学习经商，负担家庭经济重任。在亲友的带领下，他决定远赴松江学习经商。现在的十四岁青少年正享受着父母无微不至的关怀，而家境贫寒的冯智懋，此刻必须像个成年人一般告别母亲的照顾，踏上通往异乡的旅途。

此番离别，冯智懋一去便是十年。十年异乡的艰苦磨炼，为他人生积累下丰厚的财富，锤炼了他的意志，也开阔了他的眼界。少年时期漂泊异乡的经历，也为日后成家立业打下了坚实的基础。在漂泊十年后，一来，念及离家多年，未能体贴周到地照顾母亲起居；二来，自己也到了该娶妻生子，成家立业的年龄，于是，冯智懋决定返回故乡苏州。

在松江学习经商的十年间，冯智懋积累了不少经商的经验，也积攒了一些银两。很快，他在苏州的生意走上了正轨，家境也随之富裕起来。在回苏州定居两年后，待生意稳定，冯智懋便娶太学生谢汝飞之女为妻，组建家庭，生儿育女。

谢氏比冯智懋小一岁。她二十五岁嫁入冯家，与冯智懋共同生活了四十九年，为冯智懋生养四子一女。其中，长子冯信孚，三岁殇；次子冯信衡，四岁殇；三子冯桂芬；四子冯兰芬，字林余，十八岁去世；女儿冯氏。

冯智懋最初回苏州定居之时，仍旧住在其母旧宅边，大约在嘉庆十三年（1808），即冯桂芬出生前一年，将家宅迁往新桥巷。此番迁居一来是因为生意需要更便利的交通来拓展；二来则看中新桥巷闹中取静的地理位置，认为其适宜安居乐业。或许是因为搬家所带来的新气象，谢氏在搬抵新桥巷不久便再次怀孕，次年秋冯桂芬便来到了人世。

根据冯桂芬在《诰封奉直大夫晋奉政大夫例晋中宪大夫翰林院编修加六级显考春圃府君行述》一文中对其父亲生平的描述可知，冯智懋一生以经商为业，虽说出身商贾之列，为人却非常讲情义，个人修养极佳。

冯智懋少年在松江学作生意之时，漂泊在外无依无靠，寄住在友人萧翁的家中。萧翁待他如亲生儿子一般，一切吃穿用度皆不见外，令远离家乡的冯智懋深深地感受到了家的温暖。萧翁去世后，其子秀舫孤苦无依，从松江赶往苏州投靠冯智懋，冯智懋二话不说将其安置在家中，把他当作自己的孩子一样教育，使其衣食无忧，就如同当年自己寄居萧翁家一般。这样的日子，一直持续到日后冯家遭遇大火，屋宇尽毁。从这件事情可以看出，生活中冯智懋常怀感恩之心，对于自己曾获得过的帮助，始终铭记于心，在生活富足后尽全力回馈曾给予自己帮助的人。

除了在生活中常怀感恩之心，冯智懋在事业上一直恪守诚信为本的经营之道。他一生都从事寄售典当的生意，道光六年（1826）冯家遭遇大火，寄售之物被大火付之一炬，家业也一时间荡然无存。在这种无法避免的天灾面前，许多人劝冯智懋，火灾属于意外发生的灾祸，对于寄售者物品只需要按照常规比例的十比六七来进行赔偿。但冯智懋却不听劝解，仍旧按照最初达成的约定比例对寄售者进行了赔偿，这种优良品质，对于一个以商为业的人来说，是非常难能可贵的。

在冯桂芬日后为官的岁月里，不少人想走冯桂芬的门路，托人给冯智懋送来银两，都被冯智懋断然拒绝。冯父不为利诱的行为，深深地影响了冯桂芬，在其为官的岁月里，努力作到了克己奉人，不贪意外之财。冯桂芬常回忆起父亲说，父亲的品德、教诲对他影响非常大。在京城官场这样一个大染缸中，极少与人来往，这都源于父亲冯智懋的言传身教。

冯母谢氏（1771～1845），浙江嘉兴人，父亲为太学生谢汝飞，母亲周氏。谢家兄弟三人，姊妹二人。幼年之时，谢氏随姊妹们在家学习，二十五岁嫁至冯家。谢氏嫁入冯家之时，冯智懋的父亲已经去世，家道中落，孤儿寡母，独住一隅，而谢氏娘家颇为丰裕，谢氏却没有任何怨言。她一生恪守传统妇道，对冯智懋生意上的事情从不过问，勤俭持家，待人慈爱，勤于劳作，操持家务，从无闲时。在日常生活中，她少言寡语，简朴度日，哪怕在日后冯桂芬做官之时，她数十年仍旧一身布衣。

由冯桂芬所撰《诰封宜人先慈谢宜人事状》一文可知，谢氏为人"怡然淡泊，安之若素，当变故不惊，遇横逆不校，处安乐不忘忧患，处忧患不殊安乐，冲和纯粹"。正是她这种处变不惊，能忍人不能忍之事的性格，使得其一生过得平淡安宁。据相关史料记载，在道光六年和道光九年，冯家曾两度遭遇大火。其中道光九年那次大火发生于隆冬时节，寒风凛冽，屋宇全部化为灰烬。面对突如其来的灾祸，谢氏镇定自若，一边安排家人进行自救、重整工作；一边宽慰因大火失去产业而忧心不止的冯智懋。谢氏这种性格，在冯桂芬的成长过程中给其提供了极大的心灵安慰。在冯桂芬少年时期的科场岁月以及青年时期的初入仕途之时，每当遇到挫折，冯母的宽慰，给予冯桂芬极大的鼓励与信心。

冯桂芬对母亲谢氏感情极深，在《谢宜人事状》一文中有这样的记载。谢氏七十大寿，冯桂芬请假回家为母亲祝寿，谢氏语重心长地对他说："吾儿今列官于朝，当思为好官，顾吾闻为好官甚为劳苦，吾儿体弱，何以任之，自此重吾忧矣。"冯桂芬听后，想起自己幼年多病，母亲为了抚养自己，真是心力交瘁。他感叹，自己少时体弱有母亲照顾，母亲年老体弱，自己却没办法延长她的寿命，真是愧为人子，抱恨终天，母子之情真挚动人，感情流露委婉畅达。冯桂芬做官后，谢氏被封为宜人，晋封恭人，累赠一品夫人。

在父母的精心教育下冯桂芬茁壮地成长着，他从父亲冯智懋处学到了经商的能力，一生很少为经济困窘过。在《五十自讼文》中他这样写道："承先人遗业，薄田十顷，衣食仅给，米盐靡密，辄亲为之，或以善治生为非，顾将不衣食乎？抑不求诸此转求诸彼，如此之铸横财者为是乎？其不然又明也。"可见，他一生不为衣食发愁，并没有将对财富的追求视为人生主要目的。这种不贪财，闲散怡然的淡泊性格，或来自于母亲谢氏的言传身教。良好的家庭教育，教会了冯桂芬如何经营生活。他一生不慕名、不贪财，过着衣食无忧而又恬淡安然的生活。

冯桂芬的妻子黄氏（1803~1862），江苏太仓人，出身于书香门第，其祖父曾在湖北随州任知州。黄氏自幼在家读书，深受儒家传统文化浸润，未出嫁之前在家尽心侍奉双亲，在当地以孝闻名。嫁入冯家后，尽心操持家务，勤俭持家。冯、黄二人成亲之时，黄氏已二十八岁，而冯桂芬还不到二十三岁，黄氏年长冯桂芬近六岁。之所以选择黄氏缔结婚姻，共同建立家庭生活，是因为冯桂芬结婚之前，其姐已出嫁，而弟弟冯兰芬则在一年前去世，全家仅剩下冯桂芬一人侍奉年迈双亲。为使年迈的双亲无须再为家务操劳，冯桂芬选择与黄氏结婚，这种女大男小的结合方式，有利于照顾冯氏一家日常起居。黄氏的到来，很好地照料了一家人的生活，可惜黄氏早冯桂芬十二年离世，黄氏离世后，冯桂芬未再续弦。

冯桂芬一生育有二子二女。长子芳缉，字申之，号瘦痴居士。己未（1859）顺天举人，戊辰（1868）进士，曾任总理各国事务衙门章京员外郎衔、刑部主事、贵州司行走，娶盐运司运同衔候选同知叶承铣女。次子芳植，出嗣冯兰芬，邑庠生，甲子补行戊午（1858）举人，赏戴花翎五品内阁中书，娶王亨谦女。长女琳，嫁金宝树之子金肇元。次女琅，殇。

求学岁月

冯桂芬出生的时候，其父冯智懋已经四十岁，而母亲谢氏也已经三十九岁，在人均寿命只有五六十岁的时代，冯智懋属于老来得子。在冯桂芬出生之前，冯智懋和谢氏早先生育的两个儿子冯信孚和冯信衡，分别在三岁和四岁的时候夭折。冯桂芬的出生，在当时那个极重男性子嗣的社会里，为这个家庭带来了极大的欢乐与希望。

冯桂芬的家乡江浙地区，自明代以来，一直是知识分子活动的中心，其原因有二。第一，因为地方经济的高度发达，仓廪实而知礼节，衣食足而知荣辱。高度发达的商业经济，繁荣稳定的社会生活，使得江浙一带的读书学者日益增多。第二，得益于坐落于今日无锡市的东林书院。东林书院创建于北宋政和元年（1111），是当时著名学者杨时讲学的地方。明万历三十二年（1604），东林学者顾宪成等人重修书院，继续聚众讲学。东林学者所提倡的"读书、讲学、爱国"精神，在当时引起国内绝大部分读书人的响应，一时间声名大噪。而由顾宪成所撰写的名联"风声雨声读书声声声入耳，家事国事天下事事事关心"更是家喻户晓，激励了无数学子。因此东林书院获得了"天下言书院者，首东林"的美誉，更因此成了整个江南地区议论国事的主要舆论中心。

在这样一个社会环境中，登科及第和经商致富成为江浙一带青年人成长的两种选择。虽然自明末资本主义工商业萌芽，使得传统社会中士、农、工、商的"四民"等级秩序在这一时期悄然变为士、商、工、农这一新的秩序，商贾地位获得了大幅提升。但经商致富所带来的社会地位，仍然不比通过科举考试进入庙堂之上，更为具有吸引力。

冯氏家族早有经商的传统，自冯桂芬八世祖冯惠起，冯家代有经商之人，但缺少读书之人。冯智懋一生没有读多少书，家族中其余各支也缺少登科及第之人，因此冯智懋对儿子冯桂芬寄予了深切的期望，希望儿子能够好好读书，争取在科举这条道路上出人头地，为冯氏家族光宗耀祖。自桂芬幼时起，冯智懋便亲自教其读书习字，在父亲的悉心教导下，冯桂芬很快就学会了读书写字，并热爱上了读书。在《五十自讼文》中桂芬这样记录自己少时对于读书的热爱，"于书无所不观，未达时即以文名，不屑以章句自囿"。可见，冯智懋虽然教会了儿子读书习字，却没有限定儿子读书的具体类目，少年之时的冯桂芬读书涉猎非常广泛，不屑囿于章句之学。少时读书岁月是安静而又平淡的，父亲引领他博览群书，母亲将家务料理得井井有条，家庭的温暖使冯桂芬获得了极佳的读书环境，学问突飞猛进。

冯智懋在教导儿子一段时间后，决定还是将儿子送入正规私塾，进行系统的学习。正因父亲早年教导有方，加之冯桂芬自身天资聪颖，入私塾读书后一直功课极佳。在私塾学习了数年后，冯桂芬于道光七年（1827）走出了科举考试的第一步——考取秀才资格。

清代科举制度规定，在私塾中读书的学童想要考取秀才，需要经历县、府（或所属州、厅）以及学政所组织的三场考试，分别由知县、知府以及学政主持各考试，每场考试又分数场进行，考察作文、诗赋、策论等内容，对考生进行逐层筛选，县、府考试通过的童生，录入名册送至本县儒学署，等候中央派来的学政进行考核。学政考核主要内容涉及作文、诗赋以及默写《圣谕广训》。只有通过学政考核后，才算正式成为所辖地区（县、州、府学）的生员，即俗称秀才。在这三场考试中，所考内容涉及面较广，包括"四书"、《孝经》《性理》《太极图语》《小学》《圣谕广训》等。可见，在清代考取秀才并非易事。冯桂芬在道光七年，经历了县试、府试和院试后，获得吴庠博士弟子员资格。

当年主考当地童生的是江苏学政辛从益。辛从益从所有的试卷中发现了冯桂芬的试卷，对他的才华学问颇为赏识。冯桂芬获得秀才资格后，即被辛从益录取为学官弟子。辛从益（1760~1828），字谦受，号筠谷，江西万载人，乾隆五十五年进士。乾隆五十八年，任国史馆纂修一职；嘉庆三年，赴福建主持乡试，后出任文渊阁校理、教习庶吉士等职；嘉庆六年，升任御史；嘉庆二十年，任光禄寺少卿；道光初年，任内阁学士兼礼部侍郎。辛从益为人耿直，不畏权贵，仗义执言，道光帝曾褒扬他"尔甚朴忠，无所希冀，亦无所揣摩，有所闻见，直言无隐，朕无忌讳也"。从辛对冯桂芬的赏识可知，冯桂芬少时文章中即流露出正直、质朴的为学风格。可惜他在收冯桂芬为学官弟子后的第二年就去世了，不然他对冯桂芬少年时期的影响会更大。

道光八年（1828），年方二十的冯桂芬在考取秀才后，正式进入苏州正谊书院学习。

正谊书院坐落于苏州沧浪亭北、府学东，为当时苏州知名书院之一。书院于嘉庆十年（1805），由时任两江总督的铁保、江苏巡抚汪志伊共同创建。在最初设立正谊书院时，汪志伊规定，每年从财政中拨银款三千两，以维持书院日常运转。此后，书院的建设一直获得地方政府的大力支持，数任巡抚皆拨给银两维持书院运转。同治十年（1871），巡抚张之万又拨银四千两生息，用以补给学生日常生活开销。道光二年（1822），布政使廉敬平率下属捐银一万两生息，用以支持书院的建设和学生日常生活开销。

正谊书院作为苏州著名书院，山长多为地方名儒，其中包括汪庚、费正勋、吴颐、吴廷琛等人。历任山长基本均为进士出身，其中吴廷琛更是嘉庆壬戌科状元。

正谊书院运营经费充足、师资力量雄厚、藏书颇丰、名儒聚集、人才济济，这对于刚刚踏上求学道路的冯桂芬来说，正是一个静心读书、切磋学问的好地方。冯桂芬就读于正谊书院时，书院山长为乾嘉时期著名大儒朱珔。朱珔（1769～1850），字玉存，号兰坡，又称兰坡先生，安徽泾县黄田村人。嘉庆七年进士，先后出任翰林院庶吉士、编修、山东乡试考官、国使馆总纂、提调等职。朱珔淡泊名利，中年时即以母病为由，辞官返籍。曾主讲钟山、正谊、紫阳书院，共计二十五年，主持正谊书院长达十余年之久，为江南地区培育了大批学子，有"江南经师文冠"声誉。朱珔文宗桐城派，著述颇丰，有《文选集释》《小万卷楼诗集》《小万卷斋文集》《说文假借义正》等，并且辑有《国朝古文汇钞》《诂经文钞》《续钞》等书。朱琦一生治学严谨，勤于著撰，见解独到，淡于仕禄，只重视教学育人，为清中晚期卓有成就的经学家、文学家、教育家。

在朱琦主持正谊书院的时期内，所培育的人才众多。冯桂芬在《朱兰坡宫赞师七十寿序》一文中赞美自己的老师"立身行己，规行矩步，道范俨然"，可见朱琦的人格魅力对书院生徒有很大的影响力。朱琦对冯桂芬的影响可以说是深远的，这一点不仅体现在冯桂芬人格品行上，同时也体现在治学内容上。朱琦治《说文》造诣较深，著有《说文假借义正》等，冯桂芬后来在《说文》方面也取得了很高的成就。如果说父亲冯智懋是教授冯桂芬读书识字的老师，那么朱琦可以说是冯桂芬的童蒙之师。在朱琦等正谊书院老师的指导下，冯桂芬正式踏上了正规的求学之路。

现存《正谊书院小课》，是当时朱琦选刻书院生徒的"制艺佳篇，次第成三集"的作业成果。在这部作业集中，能看到不少冯桂芬的作品，如卷二收录冯桂芬《子产伍田畴论》，卷四"试帖诗"中有冯桂芬的《人淡如菊》《三月春阴正养花》《水净楼阴直》等。朱琦比冯桂芬大四十岁，对冯桂芬才华极其赏识，整本书院课艺作品集中，所录冯桂芬作品最多。

冯桂芬在正谊书院读书之时，还受到了当时江苏巡抚林则徐的赏识。林则徐（1785~1850），字元抚，又字少穆、石麟，晚号七十二峰退叟、瓶泉居士、栎社散人等，谥号"文忠"，福建侯官（今福建省福州）人。林则徐是清朝后期著名的政治家、思想家、诗人和民族英雄，于道光十九年（1839）受命赴广东禁烟，在虎门公开销毁没收的鸦片烟237万斤，取得禁烟运动的胜利，名震中外。林则徐嘉庆三年（1798）中秀才，就读鳌峰书院；嘉庆九年中举，出任厦门海防同知书记，后入福建巡抚张师诚幕府。嘉庆十六年进士，被选为庶吉士，授编修。曾先后出任江西乡试副考官、云南乡试正考官。嘉庆二十五年，任江南道监察御史转浙江杭嘉湖道，上任后组织修海塘，兴水利，发展农业，颇有政声。此后分别出任江苏巡抚、两广总督、湖广总督、陕甘总督和云贵总督，两次受命为钦差大臣，官至一品。因其主张严禁鸦片、抵抗西方的侵略、坚持维护中国主权和民族利益深受华人的敬仰。

林则徐于道光三年（1823）任江苏按察使，道光十二年出任江苏巡抚（道光年间，苏州为江苏巡抚衙门所在地）。同年六月，林则徐到正谊书院考察学子们的课业情况。在这次考课中，林则徐一眼就发现了冯桂芬丰富的学识与敏锐的洞察力，将冯桂芬召至府中亲自授课读书。这件事情，使年少的冯桂芬获得了极大的鼓励，日后其门生吴大澂记曰："道光朝林文忠抚吴，有政声。公余之暇，与紫阳、正谊两书院肄业士讲求文艺，鉴别人伦。吾师林一冯公以学问、文章受知于文忠最深，有一时无两之誉。"八月，冯桂芬中本省乡试第十六名举人，遂拜林则徐为师，成为其得意门生。

冯桂芬入林则徐公署读书后，冯、林二人的交往逐渐深入，林则徐对这位来自苏州吴县的学生大为欣赏。他将自己正在编辑的《北直水利书》交给冯桂芬，让他负责编写和校对。在文章编写校对的过程中，冯、林二人思想有了一定的交流，林则徐关心民生，注重经世的思想深深地影响了冯桂芬，日后冯桂芬作《校邠庐抗议》等一系列政论文章，大约也因此而起。例如，在《校邠庐抗议·兴水利议》一文中，冯桂芬提出"庶而求富，莫若推广稻田"，将推广水稻种植提升到追求经济致富的高度上，这与当初林则徐让他负责编辑《北直水利书》

有一定的关系。林则徐在江苏为官五年，他正直、清廉、勤政、爱民的品格，给青年时期的冯桂芬留下了极其深刻的印象，对冯日后的政治生活影响极大。

道光十七年（1837），林则徐调任湖广总督，冯桂芬亲自送老师至金陵。师生之情，可见一斑。虽然林则徐离开江苏后，冯桂芬无法继续跟随他读书，但是二人师生情谊，并未因此转淡。冯桂芬一直铭记林则徐对自己的赏识和提拔，在考中进士以后，曾专门写信向林则徐报喜，感谢恩师往日的栽培。道光二十一年五月，道光帝将广东战败归咎前任，林则徐被革去四品卿衔，从重惩处，充军伊犁。在充军西北的途中，林则徐路过了当年任职所逗留过的苏州，画家顾湘舟为这位民族英雄画像留念，而冯桂芬毫不避嫌，亲自为恩师画像题词，表达敬仰之情。林则徐过世之后，苏州人民为了纪念这位伟大的民族英雄，为林在当地建立了祠堂。冯桂芬为祠堂撰写《林文忠公祠记》，表达苏州人民对林的热爱之情。

四赴会试

清代的书院，主要是为学生们参加科举考试而设立的集中读书训练营，其功能类似于我们今天的学校，学子们进入书院后，在老师的指导下集中学习、讨论，以便更好地学习知识，准备参加科举考试。书院学生的最佳出路，就是参加大大小小的科考，登科及第，博取功名。冯桂芬进入正谊书院学习，也是期望通过科举这条道路，来获取一官半职，实现自己的政治理想。所以青年时期的冯桂芬，曾多次参加乡试、会试，与所有学子一样，奋斗于科举这条道路上。

清代科举制度基本承袭明代科举制度的规章与流程。清代正式的科举考试分为三级：乡试、会试、殿试。乡试通常每三年在各省省城举行一次，又称为大比。由于是在秋季举行，所以又称为秋闱。参加乡试的是秀才，但是秀才在参加乡试之前先要通过本省学政巡回举行的科考，成绩优良的才能选送参加乡试。乡试考中后称为举人，第一名称为解元。会试在乡试后的第二年春天在礼部举行，所以会试又称为礼闱，或称为春闱。参加会试的是举人，考中后称为贡士，第一名称为会元。会试后一般要举行复试。以上各种考试主要是考八股文和试帖诗等。八股文的题目一般取自四书五经，行文措辞需要仿照古人的语气，结构有严格要求，字数受到一定的限制，被时人称为八比文、时文、制艺。

殿试则是皇帝主试的考试，考策问，参加殿试的是贡士。殿试通过者，将分三甲录取，录取者统称进士，但亦有细微差别。第一甲赐进士及第，第二甲赐进士出身，第三甲赐同进士出身。第一甲录取三名，第一名俗称状元，第二名俗称榜眼，第三名俗称探花。而状元直接授翰林院修纂一职，榜眼、探花则授翰林院编修。剩余诸进士还需要继续参加朝考，所考内容为论诏奏议诗赋，抽选擅长文学书法的授予庶吉士，剩余进士则授主事、知县等职。庶吉士在翰林院内特设的教习馆内供职学习，在肄业三年期满所举行的"散馆"考试中，成绩优良者授翰林院编修、检讨，其余分发各部任主事，或分发到各省任知县。

道光八年（1828），冯桂芬第一次参加本省乡试，考试地点在南京。此番乡试，冯桂芬中副榜。所谓的"副榜"又称为"备榜"，是"正榜"以外录取的名额，每录取五名"正榜"即要录取一名"副榜"。被录取为"副榜"的考生无法直接参加下一轮在京城举行的会试，但是仍然可以参加乡试，直到获取"正榜"名额方可以参加会试。虽然第一次参加乡试的冯桂芬，并未直接获得参加下一轮会试的资格，但是考中"副榜"总强过落榜。所以，这次乡试的失利并没有给冯桂芬带来挫败感，他整理好行囊返回苏州，继续埋头苦读，期望三年后的乡试，可以有所突破。

道光十二年（1832）八月，冯桂芬第二次参加乡试，此番乡试他顺利中举。当年吴县共有九人考中举人，而此次乡试的主考官，正是冯桂芬的恩师林则徐。虽说林、冯二人为师生关系，但林则徐为官正直，数次对科举弊端进行改革，严防考生作弊、考官徇私舞弊。因此，冯桂芬的中举，是其自身苦读的回报，而并非林则徐私自提拔。

乡试中举，给冯桂芬极大的鼓励，让他信心满满地开始准备科举考试的最后一场——会试。如果会试考中，便能成为进士，这也是所有奋战在科举道路上学子的终极目标。清代会试与乡试一样，每三年举行一次，通常考试时间为三月，故称为"春闱"，地点为京城。会试与乡试所考题型相近，不同的是出题人、阅卷人以及录取标准均高于乡试。

道光十三年（1833）春，冯桂芬踏上了赴京赶考的路程。第一次参加会试，让他心中充满了无限的喜悦与激动，多年的科举之路，仿佛就要在这一刻到达终点，金榜题名，登科及第的梦想即将实现。可惜冯桂芬首战失利，他感到分外落寞与消沉。一般说来，首次参加会试，落第很正常，学子们多以熟悉考试程序、熟悉考题、练手的心态来面对。但心高气傲的冯桂芬对这场会试的失利，感到万分沮丧与抑郁。在会试放榜结束回乡的途中，他写下了这样的文字，记录下自己落榜后的心情："落花时节每相逢，一度来游一凄绝。"虽然会试落第给他不小的挫折，但一心求取功名的冯桂芬并不会因此而放弃科举这条道路。回到苏州老家，他再次拾起书本，重新温习功课，为三年后的会试作准备。

道光十五年，冯桂芬又一次进京参加会试，可惜他再次落第。此番落第，使冯桂芬的心情更加沮丧，在从京城返回苏州的路上，冯桂芬遇见一位庄稼汉，这位老汉认出了再次落第的冯桂芬。原来，在冯桂芬第一次会试失利，返回苏州的途中，庄稼汉就注意到了他。二人一番寒暄之后，老汉劝说冯桂芬放弃科举之路，开导冯桂芬不必因为人生道路上的挫折而丧失对生活的信心。冯桂芬感谢老人对自己失落心情的开解，但并没有因此动摇走科举之路的信念。回到苏州老家，冯桂芬更是赋诗一首，记载此番偶遇，以激励自己继续坚持科举之路。

道光十八年，冯桂芬第三次踏上赴京赶考之路，可惜这一次他还是失利了。三次落第使他对走科举之路心灰意冷，也对自己的学识产生了莫大的怀疑。在他几乎要放弃科举这条路时，友人劝他留在京城参加了宗学录科考试。最后，冯桂芬通过宗学录科考试，被录取为咸安宫教习一职。咸安宫位于武英殿西，为近支宗室子弟读书处，特设咸安宫教习一员。可惜他对这工作兴趣不大，做了一段时间咸安宫教习后，便辞职回乡了。

道光二十年，冯桂芬在经历了三次会试落榜后，依然没有放弃对科举考试的执着，第四次踏上了赴京赶考的旅程。这一年，正值中英第一次鸦片战争爆发，帝国主义列强为了倾销鸦片，用坚船利炮敲开了大清的国门。不知道这场战争，给三十二岁的冯桂芬带来何样的影响，是否影响了他日后对西方科学技术、制度文化的认识与理解。

第四次会试，命运之神眷顾了这位才华横溢的青年，冯桂芬高中一榜第二，俗称榜眼。此番会试的状元是林承霖，探花是张百揆。此番取士，除一榜三名外，二榜取士八十七名，三榜取士九十名，主持会试的主考官是潘世恩。潘世恩（1769～1854），字槐堂，一作槐庭，号芝轩，晚号思补老人，江苏吴县（今江苏苏州）人。乾隆五十八年癸丑科进士（状元），授翰林院修纂一职；嘉庆年间，历任侍读、侍讲学士、户部尚书等职；道光年间晋升武英殿大学士，上书房总师傅，晋太傅；道光十四年入军机处。潘世恩一生为官五十余年，历乾隆、嘉庆、道光、咸丰四朝，被称为"四朝元老"，属于清中晚期重要政治人物。咸丰四年（1854）卒，年八十五，谥文恭，著有《潘文恭公自订年谱》《思补斋诗集》《有真意斋文集》等存世。

回首这么多年的科举之路，终获功名，此时冯桂芬心情激动难以平复。现有冯桂芬生平事迹记载资料，都未曾详细提及他何时进入私塾。姑且按照现在儿童七岁入学来计算，从冯进入私塾到考中进士时三十二岁，这期间经历了二十四个春秋（年谱记载，冯中进士年龄为三十二岁，古人以虚岁记岁，所以其寒窗苦读二十四年）。在这漫长的读书岁月中，一个懵懂的幼童慢慢成长成一个有学识有抱负的青年，而在这期间他经历了县、府、学政、乡试、会试等一系列考试，可谓大考三六九、小考月月有。赶考的岁月中，辞别父母、远离故土、东奔西走、客居他乡，有金榜题名的喜悦，也有榜上无名的失落，终于通过科举考试的最后一关，且高中一榜二名。此时冯桂芬的心情当如五味杂陈、感慨万千。

冯桂芬中进士时候已经三十二岁了，与现今许多博士年龄相仿。曾有人作过这样的调查统计，在清中期，儒生考取生员资格，大约在二十四岁；考取举人资格，大约在三十一岁；考取进士的时候，大约在三十六岁。冯桂芬考取生员时仅十八岁；考取举人时，年方二十三；最后高中进士，也才三十一岁。他考取这些功名的年龄，都比同时期学子的平均少五年。可见除了自身天资聪颖、勤奋好学外，冯桂芬是科举路上的一名幸运儿。众多学子虽然满腹经纶，才华横溢，但倒在科举之路上的不在少数。

虽然说冯桂芬的科举之路颇为顺畅，并多次得意于考场，但是他对科举考试的弊端，却深有体会。在清代，基本每个生员考中举人，都需要参加两到三次的乡试，这就需要各地的生员赶赴省城或者京城参加考试，途中耗费大量的时间、金钱。考中举人后，还需要等待会试的机会，赴京赶考。在苏州跟随林则徐读书的时候，冯桂芬听到林的一位友人痛斥科举的种种弊端，林则徐对这位友人的论述，视之为"奇论"。冯桂芬在当时未对这番言辞作任何评论，也未必同意这位友人的论述，但他对这段话印象非常深刻，几十年后仍然记忆犹新。这也引发了他日后对清代科举制度弊端的反思，并作《变科举议》一文，倡导科举改革。

随着时光的流转，当年在苏州正谊书院与冯桂芬一起读书学习的学子们，纷纷踏上了科举之路，其中有不少才华横溢之人，就倒在了科举这条路上，这让冯桂芬触动颇深。冯桂芬自己也为这条科举道路付出了时间和金钱的代价。冯家在冯桂芬小的时候，曾两次遭到大火的烧毁，使得本来富裕的家庭，一下子家道中落。而冯参加科举的这些年来，每次为了科考投入了大量的时间诵读考试内容，在赴京赶考的路上，又消耗了大量的财力物力。在日后回忆文字中，冯桂芬用亲身经历详细地叙述了科考给学子们带来精神与物质上的双重压力。也正是有这样的经历，他才在《变科举议》一文中，就科举考试改革的具体内容，如何改善考试录取方法，减少学子赶考次数等问题展开探讨，并提出了一整套完备的改良方案。

随着冯桂芬考取进士的功名，他在科举这条道路上已经走到了终点。这条道路虽然走来艰难万分，冯桂芬为此付出了大量的人力、心力、物力和财力，但最终获得了肯定，相对于万千倒在科举制度下的学子来说，无疑已是非常幸运的。但在考取功名的这条漫漫长路上，冯桂芬不可能全部仰仗家人的资助，完成这项任务，更何况冯家曾两度失火。因此冯桂芬在获得举人功名到考中进士这段时期内，多次替人为幕以维持自己的生计和补贴家用。

初探政务

冯桂芬从乡试中举到考中进士这些年间，为了维持生计，曾多次做过幕友。幕友又称"幕僚""师爷""西宾""西席"，是旧时请来的办理文书、刑名、钱谷等公务的辅佐人员。清代的幕友体制，是科举体制下的延伸体，幕友是当时社会上的一种特殊阶层，逐渐成为普遍的社会现象。那些名落孙山的举子在无从选择的时候，大多走上了出任幕友的道路，而且这是最好的一种出路。出任幕友不仅可以继续保持读书人的体面，又可以解决家中温饱问题。幕友大多是一群历经沧桑，饱尝人间冷暖，通达人情世故的人，他们对于当时社会的各种弊端一清二楚，解决实际问题大都游刃有余，有了这些经历就更为官员所重视。清代的一些士人、举子在科举无望时，多转而通过书吏、幕友身份进入仕途，最后留名史册的不在少数。同样，对于科举出身但缺乏社会管理经验的官员来说，幕友制度为主管者提供了必要的专业力量和办事人员，因此上至督抚，下至州县，都有幕友存在。

冯桂芬在道光十三年秋，就做过江阴知府陈希敬的幕友。在与陈希敬共事的日子里，二人相处非常融洽。陈希敬因亲人过世而临时将府内事务全部交给冯桂芬管理，冯桂芬不辞辛劳，一一替陈办妥。这样良好的宾主关系，维持了很长一段时间，这为冯桂芬日后的为幕生涯留下了良好的口碑。

在冯桂芬游幕生涯中，最重要的经历是道光十七年（1837）至道光二十年间，分别在三位巡抚大人陈銮、陶澍、裕谦的幕下工作。这段经历丰富了他的人生阅历，为日后为官打下了良好的实践基础，同时也让他结识了大批提倡经世致用思想的官员、学者。

道光十七年，时任江苏巡抚的陈銮将冯桂芬招入幕中。陈銮（1786~1839），字仲和，一字芝楣，蕲春县株林河姚湾人。嘉庆二十五年（1820），中殿试一甲三名（探花），为科举考试历史中蕲春士子所取得的最好成绩。道光五年（1825），升任松江知府。适逢南运河淤塞，粮饷不能入京，陈因此实行"济运通漕"，创办海运，制定海运章程，沟通京、津、沪三大埠。随后任江宁知府期间，正值水灾，陈竭力赈恤灾民。后历任江安粮道、苏松粮道、广东盐运使、浙江按察使等职，因政绩出色，升任江苏布政使。在出任江苏布政使期间，陈銮组织修建一系列水利工程，疏通省内各条河道，修缮海塘、堤坝。道光十六年，任江西巡抚；道光十七年任江苏巡抚；道光十九年，任两江总督兼河南总督，因冒暑巡阅，染疾，卒。清廷追赠太子少保衔。早在道光十二年间，冯桂芬被林则徐招入署中读书之时，冯桂芬就与陈銮相识。当时陈銮是林则徐的幕友，在那时陈就对冯留下了极好的印象。陈銮升任江苏巡抚，立即聘冯桂芬入幕，一来陈早已知晓冯桂芬的学问深厚，二来又因为冯桂芬为林则徐的门生，陈与林本来政见亦相近，作为林则徐的继任者，陈銮将冯招入幕中是有道理的。

在陈銮幕下工作一年后，道光十八年，冯桂芬入陶澍幕下谋事。陶澍（1779～1839）字子霖，号云汀，湖南安化人。嘉庆七年（1802）进士，授编修职，后迁御史。道光元年（1821）调任福建按察使、安徽布政使。道光三年任安徽巡抚，在职期间清库款，劝捐赈灾。道光五年，因洪泽湖决口，漕运搁浅，遂调任江苏巡抚，亲至上海主持漕粮海运。道光十年（1830）升任两江总督，兼理两淮盐政。出任两江总督期间，陶澍力图整顿淮盐积弊，缉拿私盐，裁撤无关机构，经其一番努力，淮盐得以在此畅销。其间，又于淮北地区推行"票盐"制，获得成功后推行至淮南。道光十九年六月卒，谥文毅。陶澍生前曾任两江总督，总管江苏、安徽和江西三省的军民政务，与林则徐同为江苏水患出谋划策。在与林则徐共事时期，陶澍与冯桂芬相识，知道冯为林的门生，深得其青睐。故陶澍聘请冯桂芬到其幕下工作，一来解决了冯桂芬的生计问题；二来，二人政见相近，在很多问题上可深入的探讨与切磋。

道光二十年（1840），冯桂芬又从陶澍的幕下转投至裕谦幕下工作。裕谦（1793～1841），原名裕泰，字鲁山、衣谷，号舒亭，博罗忒氏，蒙古镶黄旗（今锡林郭勒盟商都镶黄旗）人。嘉庆二十二年（1817）进士，选为庶吉士，后曾任礼部主事、员外郎等职。道光六年（1826）出任湖北荆州知府，后调武昌知府、荆宜施道；道光十四年升为江苏按察使；道光十九年任江苏布政使；道光十九年三月，裕谦署理江苏巡抚，十二月实授。在此期间，林则徐在广东大力开展禁烟活动，而裕谦则在江苏配合禁烟，打击包庇烟贩的不法官员，积极配合林则徐所领导的禁烟运动。道光十九年末，裕谦正式出任江苏巡抚，管理江苏境内各项事务。冯桂芬转至裕谦幕下工作的原因，也是因为他多年为两江总督、江苏巡抚工作，熟知江苏境内各项事务的来龙去脉，能为治理省内各项政务提供强有力的帮助。

从冯桂芬与这三位巡抚共事的经历中可以看出，这三位巡抚都曾直接或间接与林则徐共事过。冯桂芬因被林则徐召入署中读书，少年之时便深受林则徐政见的影响。同时陈、陶、裕三人皆有多年治理江苏的经验，且多与林则徐有交往，属于接受并大力推广经世思想的官员。三人行事风格、政见理解较为一致，这或许也是为何三位巡抚如此欣赏冯桂芬的缘由所在。冯桂芬自进入正谊书院读书到青年中进士前，多与嘉道时期经世致用官员、学者往来，这对他一生学问、事功有深刻的影响。

多年的游幕生涯，对冯桂芬的经世思想产生了深远的影响，在百濑弘先生所撰《论冯桂芬及其著述》一书中，对冯的游幕生涯有这样的描述："桂芬自中乡试后，游幕数年，参与行政实务……桂芬为求增收入以慰双亲而为游幕生活，但其经世实用之学，亦得之此间，极为明显。"青年时期为幕生涯，让冯桂芬近距离地接触到了实际政治，为其日后为官之路，奠定了良好的基础。

第2章

辗转于京苏间的仕途岁月

供职翰林院

考中进士为冯桂芬十余年的科举之路画上了一个完美的句号，在告别了寒夜挑灯苦读、年年赶考的科举岁月后，冯桂芬终于开始了新一段人生旅程。高中进士后，他被授予翰林院编修一职。

翰林院的设立从唐朝开始，最初设立的目的是为了招揽具有特殊艺能的士人。唐玄宗后，翰林被分为了两种，一种是专门负责起草诏书工作的翰林学士，供职于翰林学士院；另一种是没有什么实权的翰林供奉，供职于翰林院。晚唐以后，翰林学士院演变成了专门起草机密诏书的重要机构，有"天子私人"之称。在翰林学士院供职或曾任职的人，被称为翰林官，简称翰林。宋朝后翰林学士成为正式的官职，并与科举制度接轨。明朝时期，翰林院被内阁所代替，成为培养人才、储备人才的地方，地位显赫，是成为地方要员、内阁重臣的必经之所。

在历史的长河中，翰林院的政治地位时高时低，但是翰林学士始终是社会中地位最高的士人群体。因为，历代翰林院集中了当时知识分子中的精英，如唐朝的李白、杜甫、张九龄，宋朝的苏轼、欧阳修、王安石、司马光，明朝的宋濂、方孝孺、张居正，晚清的曾国藩、李鸿章等人，皆是翰林出身。入选翰林院，又称为"点翰林"，常被视为非常荣耀的一件事情。翰林学士不仅致力于文化学术事业的传承，更踊跃参与政治，议论朝政。翰林制度和科举制度是封建中国文官制度的基本架构，由科举考试进入翰林院，再由翰林院成为地方要员、朝堂重臣是士大夫的人生理想，也是儒家"达则兼济天下"观念的体现。

明代是翰林院发展的黄金时期，统治者将前代的翰林学士院正式定名为翰林院，主要掌管制诰、史册、文翰之事，同时兼负考议制度、担任皇帝顾问等职责。翰林院主官为翰林学士，下有侍读学士、侍讲学士、修撰、编修、检讨等官。明代将翰林院定为五品衙门，翰林官品秩不高，却被视为清贵之选。若通过翰林院能够直入文渊阁参与机密，更是显贵至极。清循明制，保留翰林院，设置两名掌院学士，满、汉各一人，从二品，掌院学士是侍读学士以下诸翰林官员的名义长官。虽然清代翰林官员职能与唐宋时期有一定区别，但是升迁比其他官员容易，且较易获得南书房、上书房行走资格，故多蒙优待。

普通人若想进入翰林院，一般只得通过科举考试。在明代，殿试的前三名将直接获得进入翰林院的资格，状元授予修纂（正六品）一职，榜眼、探花则授编修（正七品）一职。同时，明代还设立庶吉士制度，所谓的庶吉士就是在当年新科进士中提拔优秀人才，入翰林院学习三年，三年后进行测试，优秀者留翰林院工作，其余则委派至各地为官。自明太祖废丞相之后，明成祖设内阁，置大学士，而大学士均出自翰林，故当时有"非翰林不入内阁"之说，翰林院就此成为培育高级文官的摇篮、高层次学者的场所。在经历多年科举的考验后，冯桂芬一举进入翰林院这一全国士子仰慕已久的地方。

在冯桂芬供职翰林院两个月后，正逢其母谢氏七十大寿，于是他请假南归，为母亲祝寿。次年（道光二十一年）七月，为了更好地侍奉双亲，又能完成自己的工作，冯桂芬决定偕父母一同赴京任职。随后数年间，冯氏一家齐居京城，冯桂芬也一直留京工作。

供职翰林院虽然被认为是清贵之职，但也并非终日无所事事。朝廷每隔一段时期，将对翰林院、詹事府举行大考，这也被称为"考试翰詹"。参加大考的人员主要为翰林院、詹事府三品以下官员，考试内容为诗赋，由皇帝亲自主持并评定等级。在清代，詹事府原本是辅佐东宫太子的机构。康熙五十一年（1712），皇帝诏令废立太子后，清朝不再册立太子。詹事府虽未因不再册立太子而裁撤，但其具体服务功能被撤销，转变为翰林院的辅佐机构。据相关史料记载，翰林院、詹事府的大考较为严格，对于不少一甲、庶吉士出身的翰林而言，大考都是一道难关，部分由外班进入翰林的八旗官员，往往在大考之时被挤出翰林。冯桂芬作为新科进士供职翰林院，能否顺利通过此次考试，是他仕途的第一道考验。

道光二十三年（1843）八月，冯桂芬迎来了自己进入翰林院后的第一次大考。在此次考试中，冯桂芬列诗赋第二，道光皇帝下旨"遇缺题奏"。可见冯在考中进士后，并未放松学习，良好的积淀使得他在大考之际取得优异的成绩。

不久，当年顺天府乡试，冯桂芬被任命为同考官，协助主考官主持乡试。这也是冯桂芬结束科举应试生涯后，再一次踏入科举考场，只不过这次身份有所不同。以往是别人来考查冯桂芬的学问，此次却是冯桂芬考查学子们的学问。顺天府地处京师，乡试备受瞩目，此番取士冯桂芬非常谨慎，工作格外认真。此次乡试，共计取士二十四人。

道光二十五年，为庆祝皇太后钮钴禄氏七十寿辰，按惯例在道光二十四年，朝廷开设恩科乡试。冯桂芬因参与过顺天府乡试，并圆满完成了组织考试、批阅试卷、按名次取士等任务，因此朝廷派遣冯桂芬作为主考官，远赴广西主持本次乡试，同行的还有本次乡试的副考官祁宿藻。冯桂芬在第二次主持科举考试时，就已被任命为主考官，可见其仕途初期是较为顺利的。

因为本次乡试是在秋天举行，故冯桂芬、祁宿藻二人六月初就从京城出发，一路舟车劳顿，终于在八月初抵达广西桂林。虽然一路长途跋涉、舟车劳顿，让人疲惫不堪，但冯桂芬仍然在此次旅途中寻找到别样的乐趣。

在途经湖南永州的时候，冯桂芬顺道游览了久负盛名的祁阳浯溪。浯溪，位于祁阳县城南两千米处，依傍湘江，北临湘桂铁路，东靠湘粤国道。唐代著名散文家、诗人元结出任道州刺史时，乘舟逆湘江而上，路过此地，爱其景致，将溪命名为"吾溪"。后来又自创"浯"字，遂将"吾溪"改为至今一直沿用的"浯溪"，再创"峿"字，将溪口处一处怪石命名为"峿台"，溪口边一处凉亭命名为"吾亭"，于是浯溪、峿台、吾亭合成"三吾"。再后来就有了，"浯溪胜境，雄冠三湘"的美名。

浯溪不仅以山奇水秀，秀丽风景名满天下，在文学史、书法史上也常见其名。唐代著名书法家颜真卿曾将大文豪元结所撰《大唐中兴颂》一文刻于浯溪石崖之上。这幅作品集"元文""颜字"、浯溪山水美景于一体，后被奉为摩崖三绝，尊为国宝。此后，历代文人雅士来访此处，多吟诗作赋刻于崖壁上，故浯溪自唐、宋、元、明、清以来，留下的摩崖石刻达五百方，成为一方胜境。

冯桂芬首次作为朝廷钦命主考官，远赴广西主持乡试，一路心情舒畅，游山玩水之际，随性而作《游祁阳浯溪记》。文中有言："湘水以西，石矶耸出江浒，壁立数仞，摩崖勒诗。渡石梁下为浯溪，水源出双井，甚清冽。环井三面为亭，西面高阜，隆然特起，怪石森列，俯瞰湘江，拱揖群山，境清而雄。"由此可见，冯桂芬此时心情极为舒畅，寄情于山水之际，对生活充满欣然向往之情。

乡试结束后，冯桂芬立刻返程回京。回到京城已是隆冬时节，向朝廷汇报完乡试工作后，仍回翰林院工作。此后的一段时间内，他主要在翰林院国史馆内任协修、教习庶吉士等职，参与编纂《实录》。自道光二十年考中进士至今，冯桂芬已在翰林院工作了近五年时间，正当他的工作越来越得心应手之时，家庭却在此时发生重大变故。

道光二十五年（1845）十月二十六日，冯母谢氏因病去世。一向与母亲关系极好的冯桂芬，受到了沉重的打击。他一面亲自料理母亲的后事，一面向翰林院告假，准备来年回籍守制。次年夏天，冯携父离开京师一同返回家乡，此后两年一直守制在籍。

道光二十八年正月，守制三年期满，但是冯智懋年迈体弱，无法与儿子一同赴京供职。身为孝子的冯桂芬，见老父不能承受舟车劳顿，放弃了进京供职的机会，继续留在家乡陪伴父亲。

此时，两江总督李星沅听闻冯桂芬放弃进京赴职，留居苏州的消息后，决定聘请他主讲金陵的惜阴书院。李星沅（1797～1851），字子湘，号石梧，湖南湘阴人。道光进士，曾任兵部尚书、陕西巡抚、陕甘总督、江苏巡抚、云贵总督、云南巡抚、两江总督等职。道光二十五年，李星沅出任江苏巡抚，任职期间大力整顿吏治、漕运积弊，受到当地百姓的一致好评。随后，调任云贵总督并兼任云南巡抚。任职云南期间，加强边防建设，严厉惩治了部分地区总兵以权谋私的行为。因任职云南期间政绩显著，道光二十七年（1847）调任两江总督，总理江苏、安徽、江西三省军民政务，官居一品。金陵惜阴书院为清末南京著名的八大书院之一。惜阴书院又被称为惜阴书舍，由时任两江总督的陶澍于道光十八年所建，生源主要为本省举人以及钟山、尊经两书院的优秀学生，每月教授学生经解、诗古、文辞等课程。

李星沅早年曾在陶澍幕中为僚，出任两江总督以后，对于陶澍在江苏所开创的教育事业非常重视，力求将陶公所创功业延续下去。在邀请冯桂芬主讲惜阴书院时，他说："此先师陶文毅公所创也，余适蹑其后。文毅公之子，又有文字之知，子其为我勖诸生以学，以益广公之遗泽。"向冯表达出自己继承、发展陶澍事业的决心与诚意。因为冯桂芬也曾入陶澍幕下工作，与陶澍私交甚好，对陶相当敬佩，加之南京、苏州路途不远，往来交通便利，遂答应李星沅之聘。冯桂芬主持惜阴书院期间，兢兢业业，对学生授课认真负责，并且不收受学生任何礼物，与学生只保持文字之交。虽然他主持惜阴书院的时间只有一年，但对惜阴书院的发展作出了积极的贡献。

道光二十八年冬，冯智懋表示身体逐渐恢复，愿意与儿子一同赴京，于是冯辞去惜阴书院主讲一职，奉父北上，继续在翰林院供职。此后，冯桂芬与父亲一直住在京师，直至道光三十年，冯智懋病逝，桂芬再次离京返籍守制。

冯桂芬自道光二十年考中进士至道光三十年为父丧守制返籍，不过匆匆十年。这短短的十年间，还包括为母丧守制在籍的三年，赴广西主持乡试半年，实际在京供职的日子不足七年。翰林院是没有任何油水、灰色收入的地方。因为冯自身性格刚正不阿，不善于投机钻营，与人交往平淡如水，工作期间并未谋得丝毫好处。幸亏冯家祖上世代经商，冯智懋经常拿钱出来补贴儿子家用，才使得一家人在日常开销较大的京城，维持稍稍体面的生活。虽然在京生活并不宽裕，所幸冯氏一家六口相依相伴住在一起，为生活增添了许多温暖与乐趣。春天的时候，冯桂芬的母亲依旧维持着江南人的生活方式，在房屋的四周栽上桑树、养上蚕，为生活增添了不少情趣。

七年在京为官岁月，冯桂芬虽然与同事之间的交往平淡如水，但仍结识了一些至交好友。清代苏常地区经济水平较为发达，文化水准较高，此地由科举考试脱颖而出的人数，居全国领先地位。所以，在京供职的苏州籍官员颇多，冯桂芬在京城本应有得天独厚的人脉资源，例如当朝大学士潘世恩就是冯的同乡、恩师，与冯家颇有交情。冯桂芬出生之时，潘世恩曾为冯桂芬取名仪凤，冯童年时期曾两次入京都拜见潘世恩。可惜冯桂芬生性淡寡，并不像部分官员为了仕途广交际、勤走动，仅与志趣相投的姚莹、陈庆镛、张穆等人有往来。

姚莹（1785~1853），字石甫，号明叔，晚号展和，安徽桐城人。嘉庆十二年（1807）中举，次年中进士，曾游幕广东，在福建、江苏两地任州县地方官。第一次中英鸦片战争爆发之际，姚莹正出任台湾道一职，面对战争他与镇将达洪阿齐心协力保卫国土不失。无奈，清政府向英国屈辱议和后，被贬至四川任知州。咸丰初年，奉旨赴广西处理军务，后出任广西、湖南按察使。作为19世纪上半叶重要思想家，姚莹治学格外重视边疆史地研究以及经世致用之学，这与其多年为官处理边疆事务有关，著有《康輶纪行》《东溟文集》等著作。姚莹与冯桂芬意气相投，在京奉职的日子里，二人常有往来。姚莹因在台湾抗击外敌入侵而被解职，赴京路过苏州之际，曾给林则徐画像的顾湘舟也为姚莹画了一幅像，冯桂芬得知这件事后，特地为姚莹画像题词以纪念这位好友。

陈庆镛（1795~1858），字乾翔、笙叔，号颂南，泉州西门外塔后村人。道光十二年进士，官至监察御史。陈庆镛是清末著名的抗英将领，同时也是一位主张改革政治、振兴军事以救国救民的官员。他曾在道光二十三年时，上《申明弄赏疏》，竭力反对起用因签订丧权辱国条约而被革职的琦善、奕山等人。该文文笔辛辣，朝野上下为之震惊，陈也因此声名大噪。陈庆镛虽然直言善谏，为人耿直，但是并未得到道光皇帝的喜欢，仕途也一直不得意。他与冯桂芬私交甚笃，二人常有书信往来。

张穆（1808~1849），初名瀛暹，字石舟，亦字石州，号殷斋，山西平定古州人，后迁居大阳泉村。幼年之时双亲去世，随继母生活，道光十二年（1832）以贡生身份参加乡试，因触怒官员而丧失考试机会，此后再不涉足科场，一心闭门读书、著述。张穆是晚清时期著名的思想家、地理学家。鸦片战争时期，我国边疆海防一直处于紧张状态，常年遭受外敌骚扰。张穆深感民族危机加剧，怀着对祖国的深切热爱，将大量的时间精力投入边疆海防研究中，撰写了《蒙古游牧记》《俄罗斯补辑》等舆地边疆研究方面的著作。其中《蒙古游牧记》为张的代表作，本书详细地记载了蒙古各部落的历史变迁，以及我国历代北方各少数民族之间的交往变迁。全书史料丰富、考证绵密，是当时研究蒙古史的力作。同时张穆还著有《顾炎武年谱》一书。

在这三人中，姚莹与张穆重视舆地边疆考证研究。姚莹的《康輶纪行》是在考察西藏后撰写的，在该书中他提出要警惕英国对西藏的侵略，加强沿海及边疆的防务。姚认为英、法、美等国远离中国数万里，他们多年来研究中国，对中国的地理人事较为熟悉，而清朝无人对他们有所了解。有感于此，他在书中记载了不少有关英国、法国、俄罗斯、印度等国的历史地理知识。

嘉道时期舆地边疆研究颇为兴盛，因为在这段时期，西方列强一直觊觎着我国丰富的物资，妄图敲开国门从庞大的市场中掠夺资源。自19世纪初，我国边疆频被外国列强骚扰，此时国内有识之士，都清楚地意识到西方列强的险恶用心，所以这一时期舆地边疆研究极为活跃。这股勃然兴起的舆地边疆研究，一方面打开了中国研究西方列强的第一步，另一方面为清后期学习西方变法改制作了先行铺垫。

冯桂芬与姚、陈、张三人意气相投、志趣相近，原因或是受少年时期跟随林则徐读书的影响。在跟随林则徐读书的岁月中，林对政务的见解深深地影响了少年时期的冯桂芬。这也使得冯桂芬在日后交友的过程中，多与支持洋务、不故步自封的开明之士往来。

冯桂芬与这些挚友，一起度过了在京师的最后三年，挚友们偶尔造访冯邸，众人品茶论道，畅谈国是，使得冯桂芬慢慢从丧母之痛中走出。可惜，道光三十年，冯智懋的去世使冯桂芬又一次陷入了失去亲人的痛苦中。随着父母双亲的去世，冯桂芬觉得京师没有继续留恋之处，于是借回籍守制离开京师，返回苏州。

守制在籍：修志、均赋

道光三十年（1850），道光帝去世，其子奕詝即位，改年号为咸丰。咸丰帝刚即位时，面对由鸦片战争所带来的诸多问题，一时间束手无策。于是他下诏，令大臣们举荐朝中有识之士，共商国是。大学士潘世恩向咸丰帝举荐冯桂芬，冯因此得蒙面圣。潘世恩曾是咸丰帝的老师，地位显赫，经他力荐，冯桂芬本可在仕途大有作为。只可惜，七月二十四冯智懋去世，使得冯桂芬再次受到失去亲人的重创。此时的他无心仕途，一心只想带着父亲的灵柩返回家乡，于是他丧失了仕途中最难得的一次机遇。冯桂芬自知此番离京，仕途可能不会再有所发展，所以守制结束后，他也没有立刻启程返京。

冯桂芬在苏州守制的时期内，时任两江总督的陆建瀛得知冯丁忧在家，特地聘请他帮助修订盐法志。陆建瀛（1792～1853），字立夫，湖北沔阳（今仙桃市）姜家港人。道光进士，道光三年授编修；九年转侍读；二十年授直隶天津道；二十二年迁按察使，次年升布政使；二十六年迁云南巡抚，兼署云贵总督；同年，调任江苏巡抚；道光二十七年兼署两江总督。陆建瀛任两江总督期间，对漕运、盐务多有整顿，尤其是对盐务的改制，获得了地方百姓的一致好评。

盐务问题一直是困扰历届两江总督的重要政务，因为在历朝历代，盐税收入都是各个王朝财政收入的主要来源之一，其重要性仅次于田赋。食盐的产、运、销管理，就是所谓的盐政，备受历代政府的重视。清朝的盐政，依旧沿袭明朝的旧制，以"纲盐制"为主体。所谓的"纲盐制"即由政府对一些资金雄厚，同时又能保证承担运盐和纳税义务的商人，授予在一定的区域内运输、销售一定数量食盐的资格。盐商按照规定每年向政府缴纳一定的税额，并且还需要销售完所认购的食盐，否则将因此取消其专卖权。

清代盐务的中心主要在两淮地区。两淮地区的海盐生产量位居全国之首，主要销往江淮和长江中下游等地区，每年额定的销量就达到了近七亿斤，每年所纳盐税定额为四百多万两。据统计，整个清代从顺治至光绪年间，两淮地区盐税占到全国盐税总额的40%~50%。清代徽商中有大部分人，就是因为把持着盐务专卖特权而富甲一方，成了当时中国商业资本的重要组成部分。盐商获利的最根本原因是政府的特批，那么盐商所获得的利益由封建权利支配。一旦国家遇到较大的军需开支、庆典工程，盐商需要向国库交纳大量银两，而这些负担最后则使得盐价上涨而转嫁至农民。同时在盐的销售以及运输过程中，手续也是极其烦琐的。盐运输到指定销售区域，需要大量烦琐的销售批文，这层层叠叠的手续审批下来，产生了大量的负担与费用，最后都由盐商来买单。因此，盐商只得将这些费用继续转移到盐价上，使得淮盐价格一直居高不下，尤其是在其销售区域内。因为居高不下的官盐价格，部分商贩为了逃避官府的税费，从外地偷运私盐销售，故而从浙江、四川、广东等地流入两淮的私盐，逐渐占据越来越大的销售市场。

康熙朝后期，两淮地区就已经出现了盐商拖欠盐税的现象。由于盐商一直与官府维持着较为良好的关系，因此即使无法完成规定的销售额度，却很少有人被取消销售的资格。这种恶性循环就导致了两淮地区盐务弊端越来越重，至嘉庆、道光年间，两淮盐务已经一蹶不振。积弊难返的盐务问题，严重地妨碍了清廷的财政税收，自然也就成为当时众人所关心的问题。

早在嘉庆年间，生活在江淮地区的包世臣就已经对盐政改革提出了确切的主张。他提出废除"纲盐制"，代之以民间散商纳税后自由销售食盐的"票盐制"（"票"即官府发给纳税散商的营业执照），改革两淮盐政。新"票盐制"的好处就在于可以尽量避免在淮盐销售过程中产生冗杂的费用，以此来降低盐价，但是包世臣的这项主张一直未得到重视。直到道光十年（1830），清政府不得不正视两淮盐务的严峻局面，派陶澍主持商议，率先在淮北地区整顿盐务。"票盐制"对于那些通过"纲盐制"获得巨大利益的贪官污吏来说，意味着收入的减少，所以他们竭力阻挠"票盐制"的实施。直到道光二十八年，大火导致淮南盐商损失惨重，"纲盐制"再难维持，时任两江总督的陆建瀛借势在两淮地区统一推行"票盐制"。

陆建瀛于道光三十年奏请朝廷，提出改革盐务。在得到朝廷的支持后，陆建瀛于扬州设局，重修盐法志，整顿盐务。当得知冯桂芬曾问学于林则徐，又曾在陈銮、陶澍等人幕中为客，对经世之学颇有见地，陆建瀛欣然前往冯宅，竭力邀请他帮助修订盐法志。因为考虑到扬州与苏州距离较近，交通周转方便，冯桂芬便答应了陆的邀请，客居扬州两年，专心修志。

通过此番修订《两淮盐法志》，冯桂芬对我国的盐法制度有了较为全面的了解，对淮盐的弊端也有了深刻的认识。在日后作《校邠庐抗议》一书时，他专门撰写《利淮盐议》，讨论两淮地区盐务问题，也正是对这两年修志过程中所碰到的盐务问题的总结与反思。

在扬州修订《两淮盐法志》的这段岁月里，冯桂芬不仅深入考察时务，思考民生问题，同时还结交了一批志同道合的朋友，这其中包括魏源、吴云等讲求经世致用之学的学者。魏源（1794~1857），名远达，字默深，又字墨生、汉士，号良图，湖南邵阳隆回金潭人。道光二年（1822）举人，二十五年进士，官至高邮知州，晚年弃官隐居杭州，潜心佛学，法名承贯。魏源是晚清著名的思想家、政治家、文学家。他治学以"经世致用"为宗旨，倡导学习西方先进的科学技术，提出"师夷之长技以制夷"的新思想。在政治方面，魏源积极倡导变革思想，提出"变古愈尽，便民愈甚"，他的变革主张为后来维新运动倡导者所推崇。关于冯桂芬与魏源的交往，没有太多文字资料记载，从年谱来看，冯桂芬曾在陶澍、裕谦、陈銮等人幕下为宾，而这一时期恰好魏源也在两江总督幕下工作（道光二十一年，魏源入两江总督裕谦幕府），或许二人在此时已有交往。后来冯桂芬在京为官期间，曾与魏源共同参与修建顾炎武祠并举行公祭的活动。魏源重视经世致用之学，而冯桂芬少时就受到林则徐经世思想的影响。因此冯、魏二人在扬州共修《两淮盐法志》时，常一起切磋学问，更"纵言河事，佥谓非北流不可"，相处非常融洽。

吴云（1812~1884），字少甫，号平斋，晚年号退楼、愉庭，安徽歙县人，一作浙江湖州人。据相关资料显示，吴云六岁丧母、十岁丧父，少年失怙。虽然他一直努力学习，不惜卖掉衣物换钱买书，无奈科举之路极其坎坷，屡次参加省试，均落第。最后，他不得不放弃科举之路，改求经世致用之学。道光二十四年（1844），出任宝山、金匮（原无锡县部分地区）知县，后曾代理苏州知府一职。道光末，入陆建瀛幕，帮助其改革盐务。吴云在《显志堂稿》序言中，这样记录了他和冯桂芬交往的岁月。吴、冯最初认识在扬州梅花书院，当时二人曾议论朝政、时事得失，发现彼此思想非常接近。大约在庚戌年间（1850），吴云奉陆建瀛之命，赶赴扬州与众人筹措如何制定新的盐务章程，冯桂芬此时也同样肩负重修《两淮盐法志》的任务。此番修志闲暇之余，二人谈古论今，聊及金石文字等内容，相处极为融洽。冯桂芬较吴云年长两岁，吴云称其为兄长，这也是二人订交的开始。

咸丰元年（1851）七月，冯桂芬结束了在扬州修纂《两淮盐法志》的任务，返回苏州。冯守制在籍的岁月里，除了参与《两淮盐法志》的修订工作外，也曾对江南"均赋"问题有过研究，并对如何解决这一问题进行了深入探索。

道咸时期，冯桂芬所居住的苏松太地区赋税极重。赋税重的很大原因是因为税赋按照田亩面积来计算，而并不是按平均人头来计算的。这样，征收赋税的时候，在每亩田产值的基础上还要征收一些名目繁多的税费，因此实际缴纳的税费之数远远超过每亩田的定额。在此情况下，势力较大的富豪会仰仗自己与差役的良好关系少缴赋税，这些赋税就转嫁到穷人身上，穷者、弱者就要替富豪缴纳更多的赋税。最后，就形成了"同一百亩之家，有不完一文者，有完至百数十千者"这一极不平均、也极不合理的现象。

针对这一不合理现象，冯桂芬在咸丰三年提出了"均赋"的主张。第一，乡绅与平民的地位是平等的，禁止蛮横乡绅将税额强加给贫民；第二，征收应当在大堂里进行，不应当在私下里交给丁胥；第三，应当严格核实征收数目，不得隐瞒实情，杜绝拖欠。为了推行他这一系列关于均赋的主张，他再一次致书时任江苏巡抚的许乃钊，陈述"均赋"的重要性以及迫切性。并且为了推行均赋，连续撰文《均赋说劝官》《均赋说劝衿》《均赋说劝民》，宣传均赋的合理性和可行性。由这三篇文章可知，冯桂芬所提倡的均赋主张，都是针对富户、强横之户和靠征赋税得利的丁胥而言的。

咸丰三年，时任江苏巡抚的许乃钊，路过苏州的时候，与冯桂芬探讨均赋问题。许乃钊认为嘉定地区农民造反，其多数原因在于漕粮运输的问题，而漕粮问题的关键之处就在于均赋。因此许认为要解决农民漕粮问题，使得广大农民能安心生产生活，就必须很好地解决均赋问题。二人随后商量具体实行均赋的方案，同时参与讨论的还有苏州府下所辖吴县、长洲县、吴江县等县县令。在许乃钊的指示下，他们与冯桂芬、乔松年等人议定均价。经过重新核定的粮价，比均赋前低了不少。均赋的结果让许多大户的收入相对于均赋前大减。先前，大户可以通过许多条例上的漏洞或者不正当的手段少缴或漏缴漕粮，现在因为均赋改革，这些漏洞都不存在了。再者，靠漕运牟利的丁胥，也失去了揩油分赃的机会。在这场改革中，以往靠漕运牟利的大户和胥吏失去了赚钱的机会，自然要将满腔的不满发泄于冯桂芬身上。

就在冯桂芬为均赋一事作各种努力奔走四方之时，他的仕途生涯中却发生了一件意想不到的事情。有人向朝廷告状，说冯桂芬在办理劝捐的过程中，有贪污的嫌疑。这件事情，可以从冯桂芬之子冯芳缉、冯芳植所撰《冯景亭行状》中窥得一二。虽然冯桂芬之子对这件事情的来龙去脉有较为清晰的记叙，但究竟是谁向朝廷告状，具体状词如何陈述，现在已经不得而知了。咸丰帝命地方官员对举报冯桂芬贪赃枉法、包庇亲戚一事进行彻查，不得姑息。在待查的日子里，冯桂芬在家中写了一副楹联"一点公心天地鉴，半文私受鬼神诛"，以此来表明自己并无过错，自思问心无愧。经过两三个月的调查后，地方官员汇报，冯桂芬并不存在如诉状所言包庇亲戚、徇私枉法之事，一切查无实据。虽然官方调查还了冯桂芬一个清白，但这件事情依然成为冯桂芬仕途中的一大转折点。

在检阅冯桂芬往来书札时发现，他在给曾国藩的信中曾提及被劾之事："咸丰之初，潘、文两相国将以讲官荐，事不果行。晚寻以忧归。会军兴，与团练之役。许洵臣前辈抚吴，属以大小户均赋事，晚任之力，州县迁怒于某大户之族，无何，某当路，遂中蜚语。"由此可见，之所以被劾，是因为冯桂芬参与筹措均赋一事，得罪了许多地方大户、胥吏以及长洲县县令，遭到流言中伤，也就很正常了。

在均赋推行的第二年，许乃钊调离江苏巡抚一职，均赋之事也就被搁置下来。不然冯桂芬的均赋主张或许能得到更有力的支持，产生更积极的影响。

协助镇压太平军

冯桂芬守制在籍时，中国爆发了有史以来规模最大的农民起义，这场战争给飘摇中的满清王朝以沉重的打击。

道光三十年（1850）十二月一日，洪秀全在广西桂平县金田村率众起义，建国号"太平天国"。次年二月，太平军转战武宣东乡，洪秀全正式称"天王"，随后太平军攻占了永安州。在永安滞留期间，起义军队进行了休整补充和制度建设，初步奠定了太平天国政治制度的雏形。咸丰二年（1852），太平军从永安突围，挥师北上围桂林，克全州，入湖南。在全州战役中，冯云山战死。太平军转战湖南途中，发布了《奉天讨胡檄布四方谕》等重要文告，阐明太平天国"扫除妖孽，廓清中华"宗旨，号召广大群众纷纷响应。咸丰三年，太平军攻克武汉三镇，队伍增至五十万，声威大振，清军一败再败，溃不成军。太平军水陆兼程，沿江东下，连克九江、安庆、芜湖等重镇。同年二月十二日，太平军占领南京，洪秀全进入南京城，宣布改南京为天京，定都天京。至此，太平天国建立了与清王朝相对峙的农民革命政权。

在太平军攻下南京，宣布成立与清王朝相对峙的政权后，长江中下游形势变得尤为紧张，尤其是作为当时江苏省省府的苏州，更是任何一点风吹草动都会引得当地官员百姓惊慌失措。

自太平军广西起义以来，清政府对镇压起义一事高度重视，当即下旨派林则徐为钦差大臣兼任广西巡抚前往前线镇压起义。不料林则徐年老体衰，在赶赴广西的途中身染重病，最后殁于途中。随后清廷又派遣前任两江总督李星沅为钦差大臣，前往广西前线督战。或许是因为李星沅年迈，亦或许是因为到了广西水土不服，李星沅半年后病死在军中。太平军起义不久，两任钦差大臣都病死于前线，这让清廷更加恐慌，不断派遣周天爵、向荣、达洪阿等人前往广西督战，可惜屡战屡败，形势极其危急。

咸丰三年，太平军已从广西一路长驱直入，将战火烧到了长江沿线。冯桂芬接到当时任江苏巡抚许乃钊的特旨，让他协同程庭桂、韩崇、胡清绥等，在当地一起办理劝捐、团练一事，协助抵抗太平军日益凶猛的进攻。

当时苏州已经处于戒严状态，城中的百姓早已迁徙一空。冯桂芬与诸人商议决定设置协济局，劝说留守苏州当地的各富豪为捐粮捐饷出力。这场劝捐活动一共持续了三个月，众人一起为清军筹措饷银二十万两，有力地支持了正围困天京的清军江南大营。同时，除了商议设立协济局外，大家又决定设立团防，在苏州城外层层布防，巩固城防工作。当时许乃钊奉朝廷之命协助办理江南大营军务，在驻扎金陵期间，常与冯桂芬通信，商议军务等事。从冯、许二人的书信中可知，除了讨论劝捐、团练二事以外，两人还讨论了"均赋"和"遣勇"两件事情。（"均赋"一事，上文已有专论，在此不再论述。）

所谓的"遣勇"是指遣散"广勇"。"广勇"是为应战而仓促征集、编组起来的地方武装，因缺乏纪律管理，在战乱之时他们常扰乱民众生活秩序，危害广大百姓生活，其扰民程度相较于农民起义军有过之而无不及。当时不少"广勇"盘踞在苏州城阊门一带，制作与太平军同样颜色的旗帜，向百姓勒索银两，号称只要交一百两银洋的保护费，便可保证安全。有的甚至持官府制造的刀枪，趁乱到处烧杀掳掠，敲诈勒索百姓。一时间官府拿这些"散勇"毫无办法，百姓们见到这样的情况纷纷闭门不出。冯桂芬感到事态的严重性，因为这些"广勇"并非正规编组官兵，太平军未至之时，他们在城内与太平军遥相呼应；太平军来攻城时，他们则成为太平军城里的内应，这就使得苏州城安全存在极大的隐患。于是冯桂芬向巡抚许乃钊致信，建议务必将这些"广勇"遣返回籍，不得留在苏州扰乱战事。

在处理完"谴勇"一事后，冯桂芬与曾在许乃钊幕下工作、后出任内阁中书的马钊有一次会面，在这次会面中，马、冯二人探讨了苏州时局。马钊认为，因建设清军江南大营，政府将苏州、松江等地壮丁征走，使得苏州、松江等地空虚，一旦战事来袭将无法抵挡。同一时期，江南大营余丁颇多，可以重新进行征募工作，使得各处均有壮丁看防，更能维持地方的安定。冯桂芬立刻与程庭桂商议，决定筹款给马钊，请他出面去江南大营招募壮丁，以确保苏州、松江安定。这便是与"谴勇"相对的"募勇"一事。

咸丰三年八月,"募勇"一事基本完成,政局又有了新的变动。因为太平天国起义的爆发,点燃了全国各地人民的反清情绪。咸丰二年,青浦县天地会首领周立春,因无法忍受沉重的苛捐杂税,率领青浦一带农民发动抗粮武装斗争,进攻县城,冲进县衙,活捉知县余龙光。咸丰三年七月十三日,徐耀领导嘉定千余人起义,冲进嘉定县城,驱逐知县冯瀚。八月初三,周立春、徐耀领导第二次嘉定起义,占领了嘉定县城,并以"义兴公司"名义发布告示:"率兵伐暴,志在扫除贪官污吏,并勿扰害良民。"与此同时,在上海爆发了小刀会起义,将上海人民的反清斗争推向了高潮。

小刀会,原是成立于厦门的民间秘密团体,属天地会支派。咸丰三年八月初五,小刀会领袖刘丽川、潘启亮联合福建小刀会首领李咸池、陈阿林等在上海起义,迅速占领了上海县城,击毙了上海知县袁祖德,活捉了苏松太道台吴健彰,这即是著名的"小刀会起义"。起义军最初不过千人左右,几天之内发展到万人以上。小刀会起义后,迅速向上海周边发展,占领了宝山、南汇、川沙、青浦等县城,一度攻克了太仓。起义当晚,刘丽川公开宣布:在上海的起义军与太平天国有联系,起义军建立的政权将奉行太平天国的法令。八月十三日下午,刘丽川向驻上海的各国公使发布消息:起义军所建立的政权听从天京太平军指挥。

太平天国得到消息后,东王杨秀清写了一道檄文,欢迎刘丽川"率众来归"。太平天国命驻守镇江的罗大纲在仪征各码头制造皮篷小船六百只,去上海接应小刀会。因当时天京受到江南、江北大营的围困,分兵东下接应的计划未能实现。尽管如此,小刀会却一直奉洪秀全为领袖。不久,刘丽川将"大明国"改称太平天国,自称"太平天国统理政教招讨大元帅"。小刀会占领上海后,清军江南大营主要的饷源——江海关税收陷于停顿,漕粮海运也受到影响,故清政府急忙从江南大营抽调兵力,命江苏巡抚许乃钊率领镇压,务必迅速解决小刀会对上海的控制。

由于上海局势此时已经万分紧急,许乃钊下令由帮办军务的刑部主事刘存厚与马钊,率领刚组建好的募勇队伍先行至青浦镇压。刚组建的大军气势如虹,攻克青浦,收复南汇、川沙诸城,对上海形成合围之势。随后许乃钊再抵上海前线指挥战斗,冯桂芬与苏州诸乡绅为此次战役筹措军火、装备。

咸丰四年(1854),许乃钊久攻上海不下,被清廷下令革职,回江南大营听候差遣。继任江苏巡抚吉尔杭阿抵达上海,率领各路人马开始对小刀会起义进行镇压。吉尔杭阿吸取前任久攻不下上海的教训,决定联手租界内的洋人,利用洋人特殊的地理位置与洋枪火炮,联手绞杀小刀会起义。然而要联手洋人谈何容易,为请洋人出兵镇压,同年六月初五,吉尔杭阿派吴健彰与美、英、法三国驻上海领事谈判,签订了"协定"九款,成立税务管理委员会,共同管理中国海关,从此中国的海关落入外国侵略者之手。在获得关税利益后,中外军队联手出击,在上海县城北门外修筑了一堵墙,割断了城内起义军与郊区、租界的联系,切断了起义军粮饷、军备供给来源。起义军被围困数月后,决定弃城突围。突围过程中刘丽川、陈阿林、徐耀、周秀英等相继壮烈牺牲,坚持了十七个月之久的小刀会起义终被镇压。

对于冯桂芬为镇压太平天国起义而出谋划策的"功绩",无论是直接率兵镇压太平天国起义的曾国藩、李鸿章、左宗棠,还是清廷,都给予了高度的赞扬与肯定。冯桂芬其实对清政府的统治有诸多不满，对广大民众的苦难也比较了解，并且对当时的民情给予一定的同情，但是在农民起义席卷半壁江山的形势下，他并未选择站在农民起义一方，而是选择与清政府一道镇压农民起义。尽管冯桂芬对于社会底层广大民众的疾苦表示深切的同情，但他并不认为农民具有暴力反抗政府的权力，无论是什么原因导致的武装暴动，在冯桂芬看来都是非法的，是应当镇压的。因此，在太平天国起义席卷江南大部地区的时候，冯桂芬坚定地选择了加入清廷镇压起义的队伍中，帮助当地官员招募游勇、劝富豪捐饷，镇压农民起义。同时太平天国的思想主张，是以"拜上帝教"的形式呈现出来，而对于像冯桂芬这样以儒家思想安身立命的士子，多将西方基督教视为"邪教"。无论他如何同情民情疾苦，但都不愿意走到"拜上帝教"的一方去，更不愿意看见中国走向这道路。

战争结束后，冯桂芬因为筹措粮饷、操持团练有功，被清廷赏五品顶戴，以中允即补。五月，冯又被提补詹事府右春坊右中允一职。部文一直催促冯赴京供职，但因接替吉尔杭阿的继任江苏巡抚赵德辙以劝捐一事竭力挽留，故未能立刻赴京供职。

第 3 章

客居上海

迁居上海

咸丰十年（1860），太平军攻破清军驻扎的江南大营，准备挥师东进占领整个长江中下游。不少苏州的大户、官绅纷纷逃至郊区避难。冯桂芬亦决定为了全家安全，放弃隐居光福的住宅，搬至太湖冲山避难。冲山为太湖上的一个小岛，这里比苏州城郊光福更为偏僻、安全，冯氏一家在冲山上一共住了四个月，后又迁往洞庭湖畔旧友家中避难。半年多的东奔西躲使得一家人心力交瘁，为了尽快转变这种颠沛流离的生活状态，冯桂芬决定举家迁至上海。

同年冬，冯桂芬离开了先前避难的洞庭湖畔，随子芳缉迁往上海。冯氏父子抵达上海的第一年，住在上海县城里，第二年方才移居租界之内。根据冯芳缉日记记载："咸丰十一年十二月十六日，雨，移家夷场，双亲先行，余与内子等先后出城，新屋尚未整齐，颇不适意。"文中所记载的夷场，就是我们今天所说的租界。

太平天国的一把战火，使得冯桂芬早年家业荡然无存，这场浩劫令本来身体不佳的冯桂芬备受打击，初到上海之时他经常生病，因此终日闭门不出，在家读书写作。在儿子冯芳缉眼中，虽然太平天国的一把战火，使得避居上海的岁月异常艰苦，战乱、警报每天围绕在身边，但冯桂芬依旧日日在家著书写作，不为外界动乱所扰，他非常钦佩父亲这种处变不惊、泰然若素的生活态度。直至咸丰十一年，江苏巡抚薛焕之邀请冯桂芬主持上海的敬业书院，冯家的日子才稍微好过了一些，改变了这种较为困窘的生活状况。

虽然说远离苏州故乡，冯桂芬在上海生活的岁月却不十分寂寞。他一方面借由读书写字，丰富自己的业余生活；另一方面，上海与苏州距离不远，许多冯桂芬旧日在苏州的友人，也因战火的原因避难至上海。友人的造访，为冯桂芬避居上海的岁月，带来了莫大的欣喜。

居住在上海期间，冯桂芬曾请吴仁俊来寓所小坐，希望他能教导孙子冯世澂读书。据吴仁俊记载，在咸丰九十年间，吴仁俊以弟子拜见师傅礼节拜谒冯桂芬，由此开始了二人的交往。冯桂芬欣赏吴仁俊的学识，请他教导孙子冯世澂读书。在冯宅教书的前后六七年间，吴仁俊也常借课外时间与冯桂芬探讨经义、小学、诗文等内容，在二人交流探讨中，吴自感受益颇深。

这一时期来冯宅拜访的除了吴仁俊外，还有一位旧日弟子陈瑒。冯桂芬到上海的第二年，就与曾经一同在冲山避难的弟子陈瑒碰面，师生相聚甚欢。乱世之中，在他乡再逢故人，令冯桂芬欣喜万分。陈瑒避难上海，一时间没有经济来源，正值广方言馆创办不久，冯桂芬便推荐陈瑒入馆谋个教习，也算为他在上海立足提供了帮助。

客居上海的岁月里，冯桂芬除了会友、读书、撰文外，做得最有影响的事情，就是撰写了《校邠庐抗议》。《校邠庐抗议》一书得名于冯桂芬上海的寓所，他将寓所命名为"校邠庐"，他自己亦称"校邠先生"。关于这本日后成为洋务运动纲领的著作，本文后面将有专门章节进行介绍。

同治二年（1863），是冯桂芬寄居上海的第二年。在这一年里，他参与了筹办广方言馆一事，并出任首任监院，亲自管理方言馆的日常事务。同时，在该年冬，清政府恢复了在苏州的统治。冯桂芬感到十分高兴，决定次年举家返回苏州。

这段旅居上海的岁月，冯桂芬切身感受最深的是通过"租界"这样一种特殊的殖民地，近距离地接触了西方社会与西方文明，开阔了他的眼界，也让他重新审视自己多年来所受到的教育。

上海自道光二十三年（1843）因中英《南京条约》被开辟为通商口岸，道光二十五年又被开辟设置租界以后，迅速由一个普通的滨海县城，变成中国最大的通商口岸。英国之所以在此时选择上海作为通商口岸，主要是考虑到上海在整个海运中所占据的重要地理位置。上海地处整个中国大陆海岸线的中点，又是长江的出海口，是我国沟通内陆航运与海运的最佳交汇处。在传统的交通体系中，上海并非重要的交通枢纽，因为整个内陆航运以及各省通衢都与上海没有太多联系。随着海运的发达，上海沟通江、海的地理位置瞬间使其成为重要的运输港口、交通枢纽。同时，随着世界航运业的发展，上海也成为整个太平洋西线中重要的港口，其距离东京、大阪、香港、台湾、新加坡等地距离适中。同时，也是中国距旧金山、洛杉矶等城市最近的港口。因此列强纷纷要求开辟上海作为通商口岸，并且强烈要求在该市划定租界，方便洋人经商、居住。

小刀会起义以后，大量华人涌入租界，租界由最初仅为洋人生活的地区，变成了华洋杂处的区域。在租界内，成立了新的工部局、巡捕房、商会等机构，租界逐渐成为清政府权力难以到达的"国中之国"。上海由此成为中国大陆受西方文化影响最广泛、最深刻的城市，这一影响涉及物质文明、制度文明、精神文明等诸多方面。

久在苏州、京师生活的冯桂芬，此次来到上海，对所居住的租界内所体现出来的西方文化，有了多方面的了解。他初到上海时住在上海县城中，那时他就曾多次到租界游览。迁居租界后，更是在日常生活中，切实感受到租界的种种特点。不过这些感受，我们多只能在冯芳缉的日记中窥得一二："货物尤为美备，奇器淫巧，不一而足。夷人四五颇殷勤，得遍观焉。大人欲买印书钢板，价昂未成。余与二弟各购刀一剪一，计鹰洋一，精利可爱。"从冯芳缉的日记中可以看出，当时他仍旧是一名喜欢新奇玩意的年轻人，而那时的冯桂芬则将关注更多地投向西洋先进技术所带来的成果，例如钢板印书。

冯芳缉的日记，记叙他与父亲在租界内生活的点点滴滴，其中记载了咸丰十一年（1861）十月十三日，父子二人一起到租界看西洋人赛马一事。"入其围中，至其所谓演武台侧，略伫立顷，见四骑竞逐，衣各异色。俄又见二骑，皆捷如飞，诚不愧稳步也。台侧列夷乐一队，其音沉幽咽，亦觉入耳一新。士女云集，举国若狂。"冯芳缉当时尚年轻，见到洋玩意觉得万分的惊诧，仿佛进入了一个五光十色的新世界，而已经年迈的冯桂芬对此西洋新奇玩意作何感想，我们不得而知。但可以肯定的是，在上海的亲历亲闻，对于冯桂芬世界观的改变、学习西方思想的形成，有着极其重要的影响。租界生活，开阔了冯桂芬的视野，使他接触、认识到当时西方进步的制度、思想，同时他也深刻地感受到迅速发展为巨大通商口岸后的上海四处充斥着浮华奢靡、醉生梦死的社会风气，这令他非常生厌。

在上海，冯桂芬前后只生活了四年。因为年老体迈，加之前些年因为战乱四处避难，生活一直飘摇不定，一到上海他就疾病缠身。即便如此，在客居上海的四年里，他完成了著名的《校邠庐抗议》，参与创办了广方言堂，并"借师助剿"、乞师援沪、促成江南减赋成功。这五件事情，奠定了冯桂芬在中国近代史上的地位，也是冯桂芬一生中最重要的几大成就。之所以在这个时候能顺利地完成这些事情，一方面是因为冯桂芬已经年过五十，人生阅历已经颇丰，对中国社会的现状已有深刻的思考；另外一方面，久居内陆的冯桂芬，虽然一直听闻西洋新闻，却未曾真正在生活中接触西洋文化、制度。在上海的四年，开阔了他的眼界，也让他重新审视了自己一生的学问、事功。从某种意义上来说，这客居他乡的岁月，成就了冯桂芬。

力主借师助剿

自咸丰九年（1859）离开京师回到家乡后，冯桂芬就再未踏入官场一步，也可以说他的仕途生涯在那一年就结束了。冯桂芬虽然辞官归籍，避居上海，然而身为在野之士的他依旧关注着现实政治动向，积极投身时政之中，在不少政治事件中发挥了关键性作用，这其中就包括咸丰十一年参与的"借师助剿"活动。所谓"借师助剿"一事，指在咸丰十年，太平军连克苏州、青浦、松江等地，直逼上海中心城区。避居上海的地方士绅希望清政府与租界内的洋人军队联合起来，一同抵御太平军的进攻。

洋人军队的建立，由来已久。早在咸丰三年，太平军定都南京以后，北伐、西征，震惊全国，一度引起了上海洋人的惊恐。西方列强通过几次与清廷的战争，迫使清政府签下了诸多不平等条约，获得许多在华特殊利益。一旦国家政权在顷刻间更换，洋人则需要与新政权谈判，重新争取在华利益，且有可能以前在华得到的特殊权利，将随着政权的更迭而消失殆尽。面对这样复杂的政治军事情况，洋人一方面在上海租界内宣布中立，一方面筹措武装部队，好保护自己获得的特殊利益。因此，英美领事议定，成立一支民兵组织，取名为上海义勇队，居住在上海的英国男性侨民一律编为义勇队队员。后来这支义勇队演变成了万国商团。

咸丰三年八月，上海爆发了小刀会起义。在起义的最初阶段，小刀会占领了上海县城一年多的时间，杀死知县，活捉道台。而此一时期，租界当局对此事件一直保持中立的态度，整个上海县城被小刀会、租界、清军三股势力所盘踞。在小刀会起义爆发的最初阶段，三方互有交火，小规模冲突时有发生，租界的洋人还曾与屯兵上海的清军打过一仗。至冬天，在江苏巡抚吉尔杭阿的引导下，清政府官员与英、美、法三国驻上海领事之间展开协商，探讨如何处理小刀会起义问题，一同参会的还有海防同知煦、翰林院庶吉士张庭学、候选道杨坊等人。此番协商会谈的结果即英、美、法三国同意清政府在洋泾浜筑墙，切断小刀会进入租界的唯一通路，这表明洋人放弃其中立立场，联合清军一起对付小刀会起义。随后咸丰四年，清政府联合租界当局联手镇压了小刀会起义。这是上海成为通商口岸以来，清军与租界洋人首次联手实行的军事行动，这也为日后清政府与租界洋人合作拉开了序幕。

咸丰四年至九年，清军与太平军在南京附近僵持争夺不休，战火尚未蔓延到长江中下游地区，上海暂时处于较为安全的区域。直到咸丰十年四月，苏州被太平军攻占以后，长江下游地区形势顿时紧张，江南大户以及大批难民如潮水般涌入上海避难。避难人群的涌入，带来了许多社会不安定因素，地方官员为此数次聚会，商量安抚工作，但依旧无计可施。五月，太平军先后三次兵分各路进攻上海县城，一度占领上海周边的嘉定、青浦、松江、奉贤、南汇等地，今日上海重要商业区徐家汇曾一度聚积上万太平军，形势十分危急。在这个时候，聚集到上海的各江南士绅开始为自己的资产担忧，上海的存亡与他们家族的存亡息息相关，因为很难有人在战火中保护家产不被洗劫。于是他们紧密联系清政府，请求清政府与租界联手，一同抵御太平军的进攻，这就是著名的"借师助剿"事件。

其实，早在一年前，清政府就意识到可以利用外国的兵力来协助自己剿灭太平军。咸丰十年冬，清政府与英、法、俄三国签订了《北京条约》，一直处于胶着状态的外交关系有所缓和。俄、法政府表示，愿意帮助清政府镇压太平军。针对这一援助，北京官员意见并不一致，反对者多而附和者少。此消息传至江南一带，引起了广大士绅们的强烈兴趣。由于江南历来为富庶之地，生活奢靡，聚集了不少来自全国各地的官绅富豪，战火将这群人带到了上海。此时士绅们避难以求保全家业，而地方官员更是希望重新收复失地，因此他们都盼望清政府与外国联手镇压太平军收复失地。

常年生活在苏州的冯桂芬，认为北京官员反对借用外国兵力来镇压太平天国起义是对当时战事不了解，亦是对外国国情不了解。他在《借兵俄法议》一文中这样谈及自己的主张：第一，若要向洋人借兵，首先当考虑洋人对借兵一事是否有别的企图。倘若洋人自愿助剿，当补贴洋人军饷，同时政府也能因此获得良好的政绩，剿逆后所得枪支、军饷可补充军备所需，对军队发展有利；第二，因兵乱所导致的贸易受损，将会在剿灭逆贼后恢复，对商业发展有好处；第三，与洋人合作平定叛乱，有助于清政府重塑昔日威望。因此，通过对借兵形势、借兵的必要性等全方位分析，冯桂芬认为向俄法借兵是有百利而无一害的可行之事。

咸丰十一年（1861），"借兵助剿"这一设想在上海化为了实际行动。十月至十一月，太平军连续攻占奉化、慈溪、台州、宁波、杭州五地，战势已经十分危急。十二月初，太平军李秀成部全面围攻上海，连下奉贤、南汇、川沙等县，而西南方向的太平军，距离上海主要城区仅有十来里，上海局势岌岌可危。上海民众对于太平军的到来，无不闻风丧胆，望风而逃。

租界内的洋人原来还一直维持着中立的态度，想看看各方情势，再作定夺，结果哪想到太平军如此迅猛地围住了上海。他们担心战火的袭击，将会给贸易带来巨大的损失，但若此时主动向清政府提出派兵援助，清政府会与其就出兵条件进行讨价还价。于是他们通过当地士绅应宝时传话，打探清政府是否"忍弃上海乎?"久经商场的应宝时怎么可能悟不出洋人们的心思呢？在得知洋人有意联手清军，共同抵御太平军的进攻后，应宝时立刻开始筹划如何建立清军和租界政权之间的联系，希望双方联合起来剿灭叛乱。

首先，应宝时将滞留在上海的刑部郎中潘曾玮介绍给团练大臣庞钟璐，希望由潘出面动员庞钟璐与洋人联系，商议中外联合镇压太平军一事。可惜，庞在听完二人所言之事后表示自己只不过是个小小的团练，不参与任何洋务事务，不想参与这件事当中。

在初次向清军官方表达"借兵助剿"建议失利后，潘曾玮转而与众人讨论"借兵助剿"之事。众人在听闻潘曾玮对借兵一事的构想后，对借兵表达了不同观点。有人认为找洋人借兵名声不好，潘曾玮认为借兵一事，在历史上早有先例，古人也曾找吐蕃、回纥、沙陀等借兵，古人尚且不担心名声不好，我们今天也没必要为此担忧。有人则提出找洋人借兵，可能后患无穷，潘曾玮就例举咸丰四年清政府联手租界洋人镇压小刀会起义一事，认为此番借兵也不存在什么后患一说。又有人认为如果找洋人借兵则可能所需费用颇高，潘曾玮认为，可以先与洋人议定出兵价格，洋人素来重视信用，不至于言而无信。众人提出了各种各样关于请求洋人出兵的疑义，都被潘曾玮否定了，可惜大家不认可请洋人出兵助剿一事。潘曾玮虽然力主其事，但终究感觉势单力薄。

此时潘曾玮想到了冯桂芬。一来，因为冯桂芬曾多年为数任江苏巡抚幕宾，与江南士绅建立了有良好的关系；二来，他对西洋制度、西洋之人有良好的了解，此番请他来协助自己，定能完成此事。冯桂芬并没有辜负潘曾玮的厚望，他在关键时刻临危不乱、思路清晰，指出关于借兵一事是否可行的关键点，力主与洋人沟通协商出兵，以解上海之围。与此同时，冯桂芬将向外国政府借兵一事告知好友吴云、顾文彬等人，大家都对此表示同意。江苏巡抚薛焕得知众乡绅皆同意向外国政府借兵，也表示对此事不发表反对意见。

于是，寄居上海的一众江浙乡绅曾玮、吴云、应宝时、顾文彬等四人与英国驻上海代理领事巴夏礼多次会面，磋商借兵助剿一事。经过多次会面商讨，巴夏礼答应借兵助剿，但条件是需要通过正式的官方交涉。关于这次乡绅出面与英国代理领事磋商的具体细节，被吴云记录在案。从这份记录中可以看出，当时上海的形势已经岌岌可危，清朝官兵已经无法抵挡太平军的进攻。倘若仿效旧时唐朝向回鹘借兵，契丹援助宋朝，虽然说后果叵测，但是面对无法抵御的太平军进攻，也只得选择借兵这一条路，先顶住太平军的进攻再做计较。巴夏礼虽然答应出兵帮助清政府围剿太平军，同样也心存担忧。一旦出兵帮助围剿，恐日后清政府借围剿一事寻衅英政府，所以他需要得到政府方面的书面首肯，才肯出兵助剿。

冯桂芬与众乡绅在得到巴夏礼方面的回复后，即商议如何向清政府请愿，大家合力写了一封《江浙绅士为借师助剿呈苏抚》信。在信中乡绅们对于现在江南形势作了详细的评估，认为一旦太平军数十万大军攻克杭州后，上海形势将更加岌岌可危。至那时上海贸易将被封锁至死，若战争旷日持久，困居上海的商民将更难支撑。再者，他们在信中指出，"借师助剿"是有历史依据的，也得到了英政府领事巴夏礼的支持。所以众人最后认为，对于"借师助剿"一事清政府应当迅速协商，制订计划，不应再有半分拖延。

经过多次的磋商，寄居上海的众乡绅拟定了关于"借师助剿"的八条办法，分别呈送给巴夏礼和江苏巡抚薛焕。在这八条办法中，首先表明"借师助剿"是有利于清政府与外国政府双方共同利益的，外国军队是应中国商民的请求才出兵助剿。随后，双方又议定了助剿范围是以巩固上海为根本，如有可能也包括收复宁波、袭取苏州、会攻南京。除此之外，双方还就会剿的具体安排、联络、协调、善后等问题逐一进行协商。通观最后双方所议定的结果，其中最重要的两点：若镇压太平军起义，则南京、苏州等地太平天国的财富，将与洋人协商分割；日后将在洋泾浜设立中外会防公所，加强中外联络，共同保障上海周边中外商民安全。

条约议定不久后，上海商民依据办法在洋泾浜地区成立了会防公所，后被称为"中外会防局"。"会防局"的作用主要有如下三个方面：第一，募集军饷，供应洋兵。由会防局组织，避居上海的官绅纷纷解囊筹饷，期盼洋人能早日剿灭围困上海的太平军，以解上海之围。在官绅的帮助下，会防局添置了新的枪炮装备，同时洋人出征粮草供给及时，解决了洋兵征剿过程中的各种不便。第二，探查军情，采集情报。会防局在上海城区各出口处，均设有侦查处，每日监察太平军的具体动向，随时向会防局汇报。第三，租赁洋船，运输军械。上海地方官绅借会防之机，向洋人提出租赁船只，一方面为前方战线供给军械，一方面也作好航道维护，准备迎接李鸿章的淮军由海路赴上海解围。

自"会防局"设立以后，洋人与上海商民协同一致，共同抵御太平军的进攻。太平军害怕洋枪洋炮的威力，不敢逼近，双方进入僵持期。至次年三月，李鸿章率领淮军赶赴上海，围困上海三年的太平军被彻底镇压。"会防局"也因太平军的消散，随之撤除。

太平军被镇压后，冯桂芬评论"借师助剿"一事，认为双方合作成立中外会防局意义重大。他指出若没有"借师助剿"，则上海定将被太平军所攻破，李鸿章的淮军也无法赶赴上海，苏州、南京等被太平天国占领的地区更不宜收复，东南地区局势将更加危急。

对西方文化、制度的认识与反思

冯桂芬早年生长于苏州，中举以后才首次赴京师参加进士考试，此后便在京师任职为官，仅在父母离世时才回籍守制。避难上海之前，他的生活一直就在京城和苏州两地之间奔波往返。随着太平天国的战火燃烧到长江中下游，冯桂芬不得不离开居住多年的家乡随家人一同避难上海。此时的上海，早已成为通商口岸，大批洋商、传教士居住于此，他们带来了西方的商品、生活方式以及西方宗教、文化，使得上海成为当时汇聚中西文化的大都市。客居上海时期，冯桂芬对西方制度、文化有了更加直观的了解，这一时期的生活经历为他日后倡导西学，推动中国向西方学习起了重要的作用。

随着清政府与外国列强签订了一条条不平等协议，紧闭多年的国门终于被叩开。西方货物、制度、文化传入，国人由开始的恐慌逐渐转变为仔细审视这来自世界另一端的文明。冯桂芬何时开始接触西方文明，没有任何详细的文字记录。鸦片战争爆发的那一年，他正好考中进士，而坚决反对鸦片输入中国的林则徐，正在广东虎门主持禁烟。冯桂芬在考中进士之后，曾专门致信林则徐，向其表达谢意，这说明鸦片战争爆发之际，二人之间一直保持着书信往来。林则徐为晚清著名经世派学者、官员，冯少年追随林问学、读书期间，就应对西学有所耳闻。

此外，在鸦片战争前后，比较了解西方情形的魏源、姚莹等人，都是冯桂芬的至交好友。魏源的《海国图志》出版之后，冯桂芬还为此书写过跋，并对书中的一些错误提出过批评。魏源在日后修订《海国图志》的时候，接受了冯桂芬的这些批评，对这些错误一一进行勘正。由此可知，在鸦片战争时期，冯桂芬就已经对西方思想有所了解和研究，并且这种研究并非一般意义上的泛泛了解，而是有系统、有步骤地认真学习西方文化知识。

然而这些对于西方文明的了解，仅从书本、他人言谈中获得，冯桂芬真正亲历西方文明，并对其进行深入考察研究，还是在避居上海的时期。上海自道光二十三年（1843）开辟成通商口岸，二十五年设立租界后，西方人源源不断地涌入这座城市，为这座古老小镇注入了全新的血液。洋人在上海开办了出版社、杂志社等文化传播机构，逐渐使得上海成为西学在中国的传播窗口。苏州与上海相隔不远，常被视为上海的后花园，苏沪两地信息交流非常方便，这也是为何冯桂芬在避居上海前，就获得了许多关于西学知识的原因。咸丰十年（1860）冬，受太平天国战乱影响，冯桂芬避居上海。迁居上海后，冯获得西学知识就更直接、便捷了。正巧，他的学生管嗣复当时正在上海墨海书馆工作，协助英国传教医师合信翻译《西医论略》等西医书籍，同时帮助美国传教士修订《大美联邦志略》。冯桂芬曾通过管嗣复向西方传教士询问关于西方救助贫民、兴办教育等方面的情况。这段经历促使他对西方文明、制度、宗教等内容有了深入、成体系的认识与了解，为其日后撰写《校邠庐抗议》，积累了丰富的知识。

　　在旅居上海期间，冯桂芬对西方制度、文化有了深入的了解，并初步形成了对西方制度文化系统的认识。

　　首先，冯桂芬清醒地意识到，时局正处于不断变化之中。居住在中西文化、物资交汇最前沿的上海，令冯桂芬敏锐地察觉到国家正处于巨变的路口。鸦片战争后国门被敲开，中外交往逐渐增多。《海国图志》《瀛寰志略》等书籍的传播，让中国的士人们开始对世界知识有了一定的了解，改变了以往中国即天下，中国是全球最强大国家的思想。当人们开始意识到，在地球上中国不过是众多普通国家之一，他们开始重新审视中国的命运，并且觉得唯有变革，才能改变被动的外交局面。

最初对"变局意识"有透彻研究的是王尔敏先生，他在《十九世纪中国士大夫对中西关系之理解及衍生之新观念》一文中论道："中国正面临数千年来一个巨大的变局，在中国历史上，将产生一个从所未见的创新机运。……中国政治环境、文化环境、经济环境的大变化，既不同于往古，而所遭遇又非以往经验所能知。"此后不断有学者开始对时局展开讨论。据前人研究统计，自咸丰十年（1860）至光绪二十六年（1900）间，对变局有深刻认识的有识之士不下三十七人。作为先觉之人的冯桂芬对中国所面临的变局进行了详细的阐述。

他认为自从中国开放了五个通商口岸以后，天下局势就已悄然发生变化，当用全新的眼光看待即将来临的新时代。在指出新时代已来临后，冯随即分析了新时代中世界各国的局势。他运用比拟的方式，将当时的世界形势类比春秋战国时期，帮助士人们建立新的时政观念。冯桂芬提出当今世界各国所处局势类似春秋战国时期，列强总能找出各种各样的理由来欺凌小国、弱国。他用春秋战国来比拟当时的世界形势，但同时也清楚明确地指出二者之间有所不同，因此他批评了当时流行的"以夷攻夷""以夷款夷"思想。在冯桂芬看来之所以不能用"以夷攻夷"的思想对待列强，因列强与战国时期各国不同，它们多有数百年、千年的建国历史，相互之间虽然时有交战但都未能吞并对方。例如，土耳其想吞并希腊，俄、英、法三国出手相救；俄罗斯欲吞并土耳其，西班牙欲吞并摩洛哥，英、法两国出手相救，可见欧洲列强之间"外睦内猜，互相箝制"。所以冯认为他们对于中国的瓜分，也将会陷入利益纷争之中。冯桂芬对于列强与中国之间关系的分析。以及对时势的判断是相当准确的，光绪二十一年（1895）"三国干涉还辽"一事，充分反映了列强在瓜分我国利益时相互钳制。

其次，在分析了近代中国所面临的巨大变局以及新的世界局势后，冯桂芬开始探讨中国与列强之间的关系。关于中国与世界列国关系，冯桂芬相较于同时代的其他人而言，直言中国在近二十年来的诸次对外战争中均属于战败国，且一针见血地指出这些年中国的发展一直落后于西方诸国。他在《制洋器议》一文中这样记叙："据英人《地理全志》稽之，我中华幅员八倍于俄，十倍于米，百倍于法，二百倍于英。地之大如是。五洲之内，日用百需，无求于他国而自足者，独有一中华。地之善又如是。虽彼中舆地书，必以中华首列，非畏我，非尊我，直以国最大，天时、地利、物产无不甲于地球而已。而今顾然屈于四国之下者，则非天时、地利、物产之不如也，人实不如耳。"这里所提到的"人实不如"，并不是说中国人天赋不如人，或是人种方面不如其他人种，而是由于后天不努力而不如人。在意识到国人并非天赋不如洋人后，冯提出不怕不如人，就怕不知道努力，不知道朝何处努力。如果能找出自己与洋人之间的差距，找出造成这种差距的根源，也就不怕没有办法应对。

最后，在分析国人与洋人之间的差距后，冯桂芬着手归纳不如人的原因。他将不如人原因归为六点：在人才选拔上不如洋人，未能作到人尽其才；在利用物资上不如洋人，未能作到物尽其用；在君民共治上不如洋人，未能作到君民不隔共同治国；在名实相符上不如洋人，未能作到名副其实；在制造工业上不如洋人，未能作到船坚炮利；在进退有度上不如洋人，未能作到知进知退。在冯桂芬看来，解决前四项不如洋人并不难，如何能作到"知进知退"，也并不是个大问题，这只是一个意志和训练方面的问题。因此，在他看来中国真正不如夷者，只需要向夷人学习"船坚炮利一事耳"。

当然，这六不如夷，仅是冯桂芬在《制洋器议》中集中叙述的，在他的内心世界里，中国不如洋人的方面，远远不止这六项。比如，他在《收贫民议》一文中提到了如何救助贫民、兴办教育问题。在《兴水利议》一文中谈到水利问题时，指出中国近代水利建设不如西方。因此他曾仿照西方水龙法，制龙尾车、虹吸等物，希望通过引进西洋机器教会农人如何省力作业。

在找出国人与西方的差距后，冯桂芬认为消弭与西方差距的根本方法，还是向西方学习。对此问题持有相同观点的，不止冯桂芬一人，魏源在《海国图志》的序言中，开宗明义地提出编写此书的目的，就是"以夷攻夷，以夷款夷"。对于魏源的"以夷攻夷，以夷款夷"之说，冯桂芬不以为然，认为魏源学问近于"纵横家者流，故有此弊端"。他提出若无法作到自强，而只是利用狡计周旋于列国之间，最终将搬起石头砸自己的脚，无益于大清的发展。虽然反对"以夷攻夷，以夷款夷"说，但他却高度肯定"师夷制夷"的主张，认为魏源"独师夷长技以制夷一语为得之"。

可惜魏源提出"师夷长技以制夷"的口号后，十多年内无一人响应。至咸丰十年，冯桂芬继承并发扬了魏源的思想，提出"法苟不善，虽古先吾斥之；法苟善，虽蛮貊吾师之"，大力提倡向西方学习先进的科学技术。在这里所谓的"古先"，包括流传至今的祖宗家法；所谓的"蛮貊"，就是指当时所面对的西洋科学，所谓的"善"就是指能够切实有效地达到富国强兵的目的。可见冯桂芬认为是否应效法西学的关键就在于，能否带领中国走上富强的道路。

面对西方文化涌入，冯桂芬勇于反省自身已有的文化，吸收别国的文化。这种自信、健康的心态，在当时是非常可贵的。或许生活在现代社会的我们，觉得这两句话没有什么特别之处。但倘使将这两句话，放到当时来看，简直就是惊世之言。

在提出向西方学习先进科技的思路后，冯桂芬继而提出"鉴诸国"的变法主张。联系当时的社会实际情况，冯桂芬认为向西方学习先进制造技术的障碍，并不在于西洋技术难学，而是国人不愿意或者不能去学习西洋制造业，导致洋人认为自己的制造技术独步天下。在当今的中国，集中亿万人心智去学习西洋技艺，定会有所成果。然而至今全国上下无人能制造西洋枪炮，其问题不在于国人心智不如洋人，而是国人学习西学意愿不强烈，这与整个社会培养机制息息相关。

因此他提出要开创学西学的风气，首先就要从科举考试改革开始。在冯看来，旧时的科举考试，培养了一群智巧之士，消磨青春于时文、试帖等无用之事中。如果将这些人中的一半选出，让他们从事制造业的学习，在学习的过程中实行优胜劣汰的制度，这不是比单纯让士子们仅仅学习时文、试帖要丰富得多吗？假如此人除了有制器才能外，还能学有余力治经文、讲吏治，岂不是一举两得？因此他断言，这种全新的科举体制，将比以往治学仅仅局限于时文、试贴、书法相比，更加丰富、全面，也更能网罗人才。

冯桂芬对于中国科举未来改革方向作出了大体勾勒。其中有一点特别值得注意，就是"特设一科待能者"，但是他在《制洋器议》中并没有清楚地指出，特设一个什么科。现今只有在《采西学议》的草稿《设奇材异能科议》中可以发现，冯桂芬曾创发性地提出设立一个"奇材异能科"，对于西学者"三年之后，如有精通奥妙能实见之行事者，由主讲保入奇才异能科，赏给举人"。这是一个很有创意，也很富有远见的设想，在传统的科举制度内加入西学的内容，可为社会价值观念的转变开辟道路。可惜这一设想仅仅是设想，因日后没能实行而逐渐淡出历史的视野。一直到光绪元年（1875），礼部奏请考试算学；光绪十年，浙江学政潘衍桐奏请开设艺学科，这里所说艺学包括机器、算学、舆图等；光绪十三年，御史陈琇莹奏请开设算学科；光绪二十三年，贵州学政严修奏请开设经济特科。从这一系列关于科举改革的上奏中可以发现，他们的改革思路都没有超出冯桂芬所提"奇才异能科"。可见冯对于大清科举改革方向的设想极具前瞻性，也非常符合未来中国发展情况。

对于采纳西学的前景，冯桂芬表现得非常乐观。他认为国人的聪明才智一定在洋人之上，以往对于西学的忽略是因为科举考试在设置上出了问题，我国精通西学之人被不完备的考试制度所掩盖。如果通过改革科举考试，广揽此方面有才之士，造就社会风气的转变，中国制造业的发展定能凌驾于西方之上。因此他畅言："当有殊尤异敏，出新意于西法之外者，始则师而法之，继则比而齐之，终则驾而上之。自强之道，实在乎是。"

除了提倡改制科举，呼吁全国上下重视西学外，冯桂芬还提出要仿制洋枪洋炮。晚清中国第一个提出向西方学习军事工艺的思想家并非冯桂芬，在冯之前魏源曾数次上奏，并提出了不少详细具体的建议。冯桂芬的贡献在于，将学习西方军事工艺这件事情提升到"势"的高度。他说："夫世变代嬗，质文，拙巧，其势然也。时宪之历，钟表、枪炮之器，皆西法也。居今日而据六历以颁朔，修刻漏以稽时，挟弩矢以临戎，曰'吾不用夷礼也'可乎？且用其器，非用其礼也，用之乃所以攘之也。"从这段话可以看出，冯桂芬将学习制造洋枪洋炮一事提升到顺应"时势"发展的高度，指出当今中国所面对的危机非以往历史经验可比拟，制造、使用西洋枪炮将成为一股不可逆转的潮流，鼓励人们抛开成见，迈出向西方学习制造工艺的第一步。

除了在理论高度上论证制造洋枪洋炮的重要性以外，他还从经费的角度来论证，仿造西洋枪炮的合理性。虽然说众人认为西洋枪炮造价较高，是普通兵器的十倍，但是兵器的利钝关系到战事的胜败，须另当别论。西洋轮船在非战争年代，可以用以运盐和运粮，战争之时可以奔走援助，一船多用，更是合理的军费开支。朝野中有人认为，与其自己学习制造船只，不如向西洋政府采购船只。针对这一想法，冯桂芬提出只有掌握了制造西洋枪炮的原理才是长久之计。只有当国人真正学会自主造船、修船、用船，才证明西洋制造技术被我国真正掌握，若只是向国外购买，请外国人来维护、修缮，则技术仍在洋人手里。

由上可知，冯桂芬对于西方制度文明的学习与了解，并非仅仅停留在对西方传入中国的书籍的学习与研究上。而是深入审视了中国与西方列强之间的种种差距后，展开专项考察，并针对中西差距提出了系统的解决方案。尤其是在推动学习西洋器艺方面，冯桂芬直指科举制度的落后与不完善，提出改革科举以适应当今社会的变化。随后，又从各个角度论证学习西洋制造工艺不能停留在只学皮毛不学精髓的地步，要掌握制造工艺的全套理论，活学活用。冯桂芬这一系列的改革理论，在当时已是振聋发聩之声。

创办上海同文馆

在避居上海的岁月里，冯桂芬除了积极参与地方士绅议政活动外，同时也通过阅读租界里的外国报纸、书籍、杂志等资料，对西方有了新的了解与认识。在上海接触西洋文化、技艺、制度的岁月里，冯桂芬发现语言对于了解一个民族、一个国家、一种文化是多么重要的渠道。他认为只有通过让国人学习西洋语言，才可以使国人更真切地认识到西洋文化的本质，继而沟通中西方文化。正是基于这样的构想，冯桂芬于同治二年（1863）在上海创立了广方言馆，并且出任首任监院。

近代以前，由于清政府所实施的闭关锁国政策，中国虽然有四译馆，但也仅仅负责翻译边疆少数民族以及邻国的语言文字。康熙帝执政时期，曾派人到俄罗斯学习语言文字，但是总体来说，我国缺乏外语方面的人才，更缺乏相关机构去培养语言人才，并依此了解西方文化。鸦片战争以后，国门逐渐向世界打开。《南京条约》的签订，使得广州、厦门、福州、宁波与上海五个通商口岸相继对外开放。此后，开放的口岸日益增多，长江流域、沿海地区均遍布通商口岸。口岸的开放，促使对外贸易逐步增加，与此同时领馆的设立、租界的开辟、传教士的拥入、各国派遣驻京公使，使得中外交流日益增多。在这种局势下，清廷内部需要大批语言人才，协助其处理外交事务。同时，鸦片战争后，中外军事摩擦时有发生，在见识到洋枪洋炮的威力后，国人发现急需学习西方先进的制造工艺，以改善自身落后的装备。而学习西方先进科技，就需要精通西方语言。语言文字是文化的载体，了解外国文化，必须从学习好外国的语言文字入手。

　　第一个正式向皇帝进言设立语言学校的是翰林院编修郭嵩焘。咸丰九年（1859）正月，郭正式向咸丰帝上折建议开设外国语言学校。在这封折子里，他这样陈述开设语言学校的重要性：自鸦片战争后近二十年间，中外之间军事、外交纠纷不断，洋人早已通过各种渠道了解我国国情，而我们却因为闭关锁国对洋人知之甚少，这种差距将不利于我国的对外交往。于是他建议朝廷，在国内西洋经济较为发达的江浙、两广一带寻找通晓西洋语言的人士，聚集京师向学子们讲授西语。可惜，郭嵩焘上折时间正值第二次鸦片战争进行之际，咸丰帝正被国内战事弄得焦头烂额，无暇顾及开设语言学校的倡议。

　　虽然说咸丰九年，郭嵩焘的上奏并未获得朝廷的重视，但是在当时的知识界引起了不少学者的注意，冯桂芬就是其中之一。冯在次年发表的《采西学议》一文中，详细地阐述了在广东、上海等地设立翻译公所的设想。

　　在这篇文章中，冯提出了自己对于设立翻译公所的看法。在他看来，三代之时的大学问家，没有哪一个不是博古通今，兼采各家学问之所长的，正是文化的极度繁荣，才创造出灿烂的先秦文明。例如孔子在作《春秋》之时，常参考当时春秋各国文献资料，这也从侧面说明，孔子在当时已通晓其余各国语言文字。可见通晓各国语言在古代是极为平常的事情，也是治学、治国所必备的基本技能之一。清末的情况远非先秦可比，国与国的交往扩大，信息传播速度也比先秦之时提高了许多。然而国人对于西洋算术、光学、化学、力学等内容知之甚少，导致我国现在落后西方太多。朝廷以往所培养的那些专门翻译西方语言的"通事"，仅仅知晓语言而并不了解西方文化，也已无法适应新时期的需求。当时所谓的"通事"即早年政府专门招募学习西洋语言文化之人，因为招募之时未能全面考查入选者的综合素质，且招募仓促进行，故多有市井游手好闲之徒为生计所迫，投靠政府学习西语以度日。这些市井之徒日常生活无稳定的经济来源，且资质愚钝、见识浅薄、心术不正，常沉湎于声色犬马的生活。他们学习西洋文化也仅是略微通晓一些西洋语言，间接识得几个西洋字，知道货物的名字和浅薄的文理知识，凭借这些每日招摇度日。学生资质浅薄、学习目标极为功利，冯桂芬认为这样的条件是无法培育出优秀的通晓西方语言、文化人才的。

紧接着冯桂芬又指出，我国向西方打开贸易大门以来的二十年，西方人学习我国的文字者甚多，其中优异者可以读懂我国的经史，对于我国的朝政纲领、吏治详情、民情民心都能略知一二。反观我国自身，对于西方知识却懵懂无知。由现今的形势可以看出，日后中外交往将日益增多，这是不可避免的发展趋势，如果寄希望于这些学识浅薄的翻译人才，可能会因为学艺不精，妄自转述造成翻译的错误，这将会酿成大祸。

基于对当时形势的考察和分析，冯桂芬提出建立新型的翻译学校，专门选取省内天资聪颖的学童，提供食宿，要求学生住校学习直至毕业。学校必须邀请西洋人做教师讲授西文，与此同时还将聘请国内著名学者讲授经史之学。而关于这些学子的出路，冯桂芬也提出了设想，假若在一定的时间内，这些学子能够通过学习基本掌握西语，可以读懂西文读物，同时对本国经史之学有深入了解，则建议奏请通商大臣给予举人功名。冯桂芬自信地认为，如果这种学校得以建立、推行，则国内学习西洋语言文字的人将逐渐增多，这批学者中品学兼优通晓治国之法者，将成为日后国家的栋梁之材。因此，冯桂芬畅言建立翻译公所的重要性、紧迫性。

学习语言文字，仅仅是掌握了通向西方文化的入门钥匙，若摸索到了学习西方文化的方法，以此为基础，以后可以逐步扩展、循序渐进，则通晓西方文化学者将逐渐增多。因此他提出，可以从翻译西方书籍入手，逐步扩展开来，学习西方的有用之学。虽然说当时国内可接触到部分西方书籍，但大多翻译于明末清初，这批书籍数量有限，多局限于医学、算学，且翻译质量一般。因此，冯桂芬认为此时学习西方知识，当学习近期传入中国的原版西洋书籍。例如，上海英华书院、墨海书院藏有许多西方书籍，俄罗斯也在道光二十七年送给中国西方书籍多达千余种，现在存放在方略馆内。冯桂芬认为从这批原版西文书籍中，可"择其有理者译之"，以供学生学习。这里所谓的"择其有理者译之"主要指，西方文献中有关于历算、制器方面的书籍。之所以选择翻译历算、制器方面的书籍，是因为19世纪西方历法精确度高于大清所使用的历法，改进历法有利于农业生产、人民生活。同一时期，西人所采用的工业制造方法也先进于大清，在农业、纺织、制盐、采沙等行业，生产力均高于我国。因此率先翻译此类西语书籍，有利于提高国内生产力，增加国家财富。

在筹办上海翻译局的时候，京师的同文馆尚未开办，此时的冯桂芬也仅仅是个退职翰林，所提的建议也是首创之举。因为牵扯敏感的外交关系，在乱世中苟且偷安的清政府自然也没有采纳。虽然倡议设立外国语言翻译学校的建议，未受到朝廷的重视，但这并没有动摇冯桂芬对建立语言学校的信念。他仍旧多方积极上书奔走，筹划建立语言学校。

同治元年（1862），总理衙门议定设立京师同文馆。同年，李鸿章到上海，招揽冯桂芬作为幕僚，帮助其整理洋务。借此时机，冯桂芬作《上海设立同文馆议》一文，正式向李鸿章提出在上海设立同文馆的建议。在文中他指出，通商事务虽然多由总理衙门受理，但是这些商贸外交集中发生的地点多在上海和广州两地。不如推广京师同文馆的方法，命令上海、广州两城各仿照惯例，建造翻译会馆，招募郡内十五岁以下聪颖儿童，聘请西洋人为老师，系统学习西洋文字，可为通商口岸提供大量的翻译人才。

李鸿章欣然接受了冯桂芬的这一建议，并将其上奏朝廷。在奏折中，李鸿章详细地陈述了在上海设立此类翻译教学馆的必要性和具体方案。方案中具体涉及学生的来源、课程的设置、毕业的去向以及待遇、创办学校的经费开支等内容，并提出了具体的解决办法。将李鸿章的这封奏折与冯桂芬最初的进言相比较可以发现，奏折是以冯桂芬的建言为底本加工润色而成，基本构想均来自冯桂芬。李鸿章的奏折呈递朝廷不久后，即得到了批复，上海同文馆遂破土动工。

上海同文馆最初拟定名称为"上海外国语言文字学馆"，后冯桂芬在制定办学章程的过程时，将其改名为"学习外国语言文字同文馆"，简称"上海同文馆"。这个名字一直沿用了五年，大约在同治五年的时候，又改名为"上海广方言馆"。同文馆最初建馆时期的总体规划是由冯桂芬负责的，学馆整体风格明亮宽敞，教习场所中央悬挂着李鸿章、冯桂芬为同文馆所提对联。李鸿章的对联为"声教遍中西，六寓同文宣雅化；诵弦宜春夏，四方专对裕通材"；冯桂芬的对联为"九邱能读是良史，一物不知非通儒"。从李、冯二人为同文馆所提对联可以看出，他们对培育新型人才寄予殷切的期望，也可看出在西洋文化的冲击下，清末有识之士开始逐渐意识到认识西方、了解西方的重要性。

在同文馆创办的第六年，学馆与江南机器制造总局相合并。当时的南洋大臣认为江南制造局所开设的翻译馆与同文馆性质相同，于是将两处合并。同治九年，同文馆迁入新址，可惜这个时候冯桂芬已经离开上海返回苏州，同文馆的发展与其再无任何直接联系。

上海同文馆从最初构想，到后来多方奔走上书，直至同治帝批准筹建，期间历经不少波折，但在冯桂芬筹措之下，终于得以兴建。学馆的建成，让已经人过中年的冯桂芬感到万分欣慰，为了使学校更好地运行下去，培养大批优秀语言人才，冯桂芬开始着手设置学校日常运转章程。良好的章程，有助于学校走上良性运行的轨道，因此在同文馆创办之初，冯桂芬就拟定了《上海初次议设学习外国语言文字同文馆试办章程十二条》，这个章程规定了学馆的办学宗旨、教学方针和教学方法，是上海同文馆运行的根本法规。从冯桂芬对学校章程的设计，我们可以看出他对开办现代教育的设想。

首先，关于生源的选择。章程规定，学馆学童入学年龄必须在十四岁以下，在此基础上选取天赋聪颖的学童，自愿住在馆内学习，直至毕业。同文馆最初生源主要来自地方官绅推举保送，在稍加筛选后，将学童年貌、籍贯、三代履历等材料上报相关机构予以备案。随后，由上海道台对学童进行面试，根据面试的具体情况选取颇通时文的学童入馆就读。同文馆最初拟定招生四十人，但实际上经常无法招满。这与当时社会风气息息相关，官绅家多不愿意孩子来学西语，更愿意让他们入私塾读四书五经，走科举之路。虽说当时社会并不太认同西语学习，但上海同文馆仍为培育西语人才作出了巨大的贡献，冯桂芬更是功不可没。

其次，关于日常的教学内容。章程规定学馆聘请有学问的西洋教师，住校或者每天到馆来进行教学，教学一定课时后，可以有休息日。学馆除了有西洋教师教授学生洋文以外，还聘请当地举人、贡生共计四人，分别教授经学、史学、算学、词章等四类学科。此外，章程规定在馆学习的所有学生，除了学习算学和西文以外，还需要每日参与讲习。其余经学、史学等学科，学生可以根据自身资质的优劣进行选择性学习，并不对此作任何硬性规定。由此章程可见，在上海同文馆中，西语学习的重要性不言而喻。

此外，冯桂芬还非常重视算学的学习，这是因为他认为算学是各门学科的基础。他说："西人制器尚象之法，皆从算学出，若不通算学，即精熟西文，亦难以施之实用。"倘若学了西文，却不学算学，也无法真正学到西方先进的科学技术，因此在上海同文馆内，西文、算学是每位学子必修的内容。

再次，关于教学、考试的方法。章程规定从同文馆中选派熟悉西语的四名教习人员，常年住在馆内。每日洋人为学生上课之时，四人与学生一起听课，向学生传达、翻译语言，解释西文老师所讲授的内容，以便让学生更好地领会专业知识。每月初一、十五两天，教习会考查学生的西语学习情况，初八、二十四日，则考试其余课程。学生每学习三个月，将赴上海道台处参加考试，道台根据考试成绩的优劣，对学生予以奖惩，这也是学生学习过程中的一次大考。大考成绩排名前十的学子，将获得道台赏银四至八两不等；同理，大考中对西语无所了解的学子，将被劝退休学。

最后，关于学生毕业后的出路。章程规定在馆内学习时间满三年的学子，毕业之时能翻译西文书籍，文辞通顺、条理清晰者，将上报上海道台，再由上海道台推送至通商大臣、督抚衙门进行考核，若考核通过则作为附生。待日后通商、督抚衙门以及海关等机构需要添设翻译人员，则从这批附生中遴选优秀者入职。若精通西语才能出众者，由通商大臣保奏入京进行考查，考核通过者则直接授予官职。剩余无法顺利翻译西文书籍学子，则作为佾生毕业出馆。

关于学生在校学习期间待遇与管理，章程规定如下：学馆向学生提供伙食费每日一钱；学生住校读书期间，每月请假回家探亲不得超过三天，一年之中病假、事假总共不得超过一百天，如果有逾期者，按校章程予以辞退。虽然说学馆筹建是为了给朝廷培养通晓西洋语言文字的翻译人才，但是馆内仍旧供奉大成至圣先师孔子塑像，并且在每月朔望之时，师生全体拈香行礼。

晚清最后五十年间，中国共有三所官方筹办的外国语学校，除了北京的京师同文馆外，上海的被称为广方言馆，广州的被称为同文馆。在三所学校中，无论从外语教育推广程度还是培养外交人才来看，均以广方言馆成效最大。当然这与上海是座开放的港口城市特点有极大的关系，也与冯桂芬在最初就确立的良好规章制度密不可分。由此可见，冯桂芬在创馆立规之时，已对中西方教育制度、教学特点有深入的考察与深刻的认识，他所设立的学馆章程，有效地保证了所聘西文教师的授课质量，以及学子在馆学习的质量。

第4章

苏州晚岁

推行减赋（上）——苏松太地区重赋的由来

根据年谱记载，同治二年（1863），冯桂芬于上海创建广方言馆，并担任首任监院。同年，他还向朝廷上书，请求减少苏松太地区赋税额度。此项提议后获得朝廷批准，苏松太地区减赋三分之一，常镇减赋十分之一。这也是冯桂芬作为一名在野知识分子，积极参与家乡政务所作的一项重要事务。

在介绍苏松太地区重赋之前，先简略介绍清代赋税制度的特点以及苏松太地区重赋的由来。

清王朝的统治，自顺治元年（1644）入主中原至宣统三年（1911）被推翻，共计二百六十八年。其中鸦片战争（1840）前的一百九十六年为清代前期，鸦片战争后的七十一年为清代后期。前期属于中国封建社会的晚期，赋税制度虽与以前各代有所不同，但只是程度上的差异，并非本质上的区别。

明末，由于统治者横征暴敛，酿成农民大起义，结果连年战争使得社会经济受到严重破坏。清军入关之初，对无辜人民进行大肆屠杀和财产掠夺，使得社会生产力遭到了严重的破坏。清统治者为了消除反抗势力，完成全国统一，巩固自己的统治，在顺治康熙年间，实行高压与收买相结合的政策。在军事上，政府在全国各地驻扎八旗兵，监视人民的活动，镇压人民的反抗。在国家机构的设置上，沿袭明代制度，设内阁六部、都察院、大理寺等机构。同时，特设议政王大臣会议作为真正的掌权机构，雍正时又设军机处，使得皇权更为集中。地方行政机构分省、道、府、县四级，县以下实行保甲制度，以严密控制人民。

清政权在建立的最初，除了仿照明制加强中央集权，对地方实行严密控制外，还下令将京郊无主的荒地，圈给满族贵族，安抚这些为建国作出贡献的贵族们。圈地运动使大批农民的土地以及房屋被圈占，造成农民倾家荡产。朝廷虽然给土地被强行圈占的农民一定补偿，如拨还相应面积土地，但这些土地多在远离京城的地区，且土壤贫瘠不利于耕种。失去土地的农民有的流亡在外，有的则成为皇庄上的农奴，为庄主种地谋生。农民失去土地沦为雇工，生产积极性大大降低，这并不利于历经战火后百废待兴的农业生产。

清廷在建国之初，除了完成对近京皇庄的圈地外，对江南已经发展起来的工商业也采取压制的政策。苏杭地区纺织业发展迅速，朝廷自然不愿意放弃这一纳税重镇，在此处设置织造衙门，强令地方大批优秀的工匠进入官厂服务。同时，还规定民营织造厂织机数量不得超过一百张，同时还需要每年缴纳沉重的赋税。此外，在制陶业方面，清政府把大批民窑收归官方经营，使得制陶业发展也受到了一定的限制。同时，为了防止沿海人民与明末退到海上的反清势力或外商接触，以巩固自己的统治，对外实行闭关锁国的政策，勒令沿海居民全部向界内后撤数十里，还实行"片板不准下海"等严格的禁海规定，阻碍了对外贸易的发展。

总体而言，清政权在建立之初，对农业、工商业管理甚严，这并不利于战后生产的发展。百姓收入无法提高，使得中央的财政收入时常捉襟见肘。因此，在政权统治稳固后，为了缓解地方矛盾以及国库不丰裕等问题，清政府采取了一系列恢复经济发展生产的措施，但是这些措施并未对现实经济发展带来积极作用。原因主要在于康熙执政时期裁撤三藩、收复台湾、亲征噶尔丹等一系列军事行动，消耗国库大量银两。因此，清政权从建立之初，发展至中晚期，百姓一直承担着较大的税赋压力。

冯桂芬的家乡苏州，正处于富饶的长三角地区。江南地区自明末起手工业兴盛，纺织业蓬勃发展，使得此地区经济形势一片大好。加上京杭大运河所带来的便利交通，苏州成为明清之际交通、经济极为发达的地区。清政府在连年军费不足的情况下，如何能够放松对江南富庶地区的税赋征缴？尤其是苏松太地区，正处于江南富庶之地的中心，其赋税重自然不言而喻。

清代苏松太地区的重赋，主要指高昂的漕赋，所谓的漕赋包括漕粮和田赋。漕粮和田赋都是按亩征税，但是田赋主要征收形式以银两为主，而漕粮的征收则主要以实物为主，如清代漕粮主要为粗制白米，用以供给旗兵军饷、旗人俸米。清政府建都北京，西北、东北等地区所产粮食，并不能满足京城的供给。因此，将各地区征收的粮食调运至京城，就成为一项重要的任务，素有"鱼米之乡"之称的江南，自然成为漕粮供应的主要地区。而江南地区的产粮运往京城，主要靠的就是漕运，即利用水道（主要是河道）来调运粮食。

漕运作为一项重要的经济制度，有着悠久的历史传统。早在秦汉时期，史书中就已有关于漕运的相关记载。隋唐时期，漕运获得较大发展，据史书记载，玄宗天宝初年就通过大运河来调度粮食，每年多达四百万石。至北宋时期，每年的漕运量能多达六百万石。漕运一直为历代统治者所重视，因为它的兴衰与国家政治经济运行紧密相关。

随着历史的不断发展，漕运发展出了一套较为完备的运行系统，并拥有一整套与之相配的管理制度。如漕运所使用的船被称为漕船；漕船所运载的粮、米被称为漕粮、漕米；负责押运漕粮入京的士兵、民丁则被称为漕丁、漕夫；负责管理整个漕运的官员则被称为转运使、发运使或漕运总督；等。整个漕运系统中的所有工作人员，有时多达十余万人，形成了一个庞大的行政体系。

漕粮的产地一般集中于江浙地区。因为江浙地区自晋代以后，经历代劳动人民开发，逐渐成为我国农业最发达地区，粮食产量跃居全国第一。同时，良好的地理位置以及交通环境，尤其是大运河的开发，将江浙地区与北方重要城市紧密联系在了一起，更有利于粮食的运输。唐代文豪韩愈曾说："当今赋出于天下，江南居十九。"可见在唐代，人们已经开始利用运河将江浙所产粮食调运至北方。这些调运至北方的漕粮，主要有如下用途：其一，供应朝廷以及京城民众的生活用粮。封建王朝的京城一般都聚集着各级行政机构、驻京办事处、会馆、商户等，因此京城作为全国人员最密集的场所，需要大量粮食供应，以保证都城日常的安定。同时，为了保障政权运行的稳定，京郊常驻扎军队保障京城治安，这些军队也需要大量粮草来维持日常运转。因此整个京城粮食需求量是极大的，周边地区的产粮量无法保障京城所需，只能从江浙一带调配。

其二，漕粮除了保障京城以及京郊百姓、士兵日常生活外，还有部分用于救灾和河工的日常口粮。随着聚集京城人口的增多，漕运制度日趋成熟，运往京城的漕粮年年增加，这使得江浙地区漕赋有增无减，特别是明清两朝，江南税赋尤重。龚自珍曾有诗云："无论盐铁不筹河，独倚东南涕泪多。国赋三升民一斗，屠牛那不胜栽禾！"生动地道出了江南赋重的实情。

据研究，江南赋重的深层原因主要是漕粮运输过程中，地方官员层层盘剥，加重了人民的负担。最初，漕粮的征集仅包括粮食，即粟、米、麦、豆，称为本色。随着历史的发展，漕粮可征银钱，称为折色。在清代，江苏省所负担的赋税，除田赋和漕粮外，还有"耗羡"，即官员的"养廉银"。这笔"耗羡"为正税之外的附加税，随田赋征收。由于赋税名目繁多，征收办法又根据每年灾情、年景以及京师仓储等情况变动不定。征收办法有漕粮折色、改兑等多种变通情况。这使得地方官吏多借机私占侵吞，国家税收得不到保障，漕赋之弊日益严峻，已威胁到地方经济发展。

对于漕粮赋税征收中的弊端，咸丰末年巡抚谭廷襄已加以整顿，统一规定了钱粮折银的价额，在一定程度上遏制了浮收的现象。至同治年间，连年对外战争的失败带来数份丧权辱国的条约，白银大量外流导致"银贵钱贱"的现象愈加严重。贪官污吏为了中饱私囊，故意多折钱文，导致漕粮赋税征收过程中，浮收问题有增无减。例如山东农民纳税时，每两银需缴钱四千文以上，不少州县每两银收钱五千二百文，多余部分就被地方官吏贪走。后来清廷虽把银价定为每两折钱四千八百文，但仍高于时价。

推行减赋（下）——为减赋四方奔走

由于苏松太地区赋税较重，地方百姓怨声载道，不少官员也因此上书朝廷，请求对不合理的税赋进行调整，以减轻农民的税赋压力。

明朝时期，苏松太地区的官员不断向朝廷提出建议，对不合理的税赋进行调整，以减轻民众的赋税压力，如江苏巡抚周忱、苏州知府况钟，都曾为减赋一事上书朝廷。康熙年间，江苏巡抚韩世琦、冯祐，江宁巡抚慕天颜、汤斌等，也都曾考虑过减赋一事。然而这些提议都仅停留在部门内部，并未上报至中央进行讨论，故均未实现。雍正年间，怡贤亲王以"米尚能完、银多逋负"为由，请求减少江南赋税中的部分银钱负担。乾隆年间，蒋公伊作《流民图》，周梦颜作《苏松历代财赋考》，直陈江南重赋给百姓带来的沉重负担。清政府其实对于苏松太等地漕赋过重的情况一清二楚，只不过因为减赋一事关系到京城八旗俸米、民食供应，若一旦答应减赋，恐引起京师内外民心动荡，故而难以批准。道光三年（1823），江南发生特大水灾，农业生产遭到严重破坏，此后一直难以恢复，粮户根本无力承担沉重的漕赋，地方官员无奈只得捏造自然灾害，请求朝廷减免地区赋税，此后遂形成惯例。朝廷对于地方官员这一举动一直心知肚明，采取睁一只眼闭一只眼的态度。所以同治以前，江浙地方政府一直采取此法争取减少赋税。

冯桂芬自小生长在田间，对于漕赋过重给苏松太地区百姓所带来的苦难，深有体会。他的母亲家在太仓，就是因为赋税过重而无奈破产。冯母曾对冯桂芬说："汝他日有言责，此第一事也。"在平时读书之余，他特别留心漕赋，当官时期凡是涉及漕赋内容，定详加考察，撰文记录。因此，冯桂芬对于苏松太地区重赋的源流、积弊、解决办法等问题有多年的研究与考察，并以此为题撰文论数篇。咸丰三年（1853），他曾就减赋问题上书江苏巡抚许乃钊。

在这封信中，冯桂芬坦言当今江苏地区赋税问题已经十分危急。因时局动荡，太平天国的战火已经烧到了江苏境内，省内各地人心惶惶。加之咸丰元年，江、震两地的佃户齐心抗租，官府无可奈何。青浦地区的农民为了抗租，殴打官吏、放火烧仓库，同时有暗合太平军起义造反之势。因此若仍旧无法解决重赋问题，将会导致更多农民效仿抗租、暴动，危及地方安定。在冯看来，出现这些暴动的原因，就是地方赋税太重，杂费太多，淋尖、踢斛、样盘米、贴米、水脚费、花户费、验米费、灰印费，名目繁多。尤其是那些管理漕务的差役们，明目张胆借此中饱私囊、为非作歹。总须实际缴米二石五六斗才能完成一石的指标。历代漕务积弊一朝不除，则后世累积下来的问题愈积愈多，终将无法整治。

为了辅证自己的言论，冯桂芬为许乃钊算了一笔账。每办理一漕，取平均数额来计算：门丁、漕书可从中渔利万金；书伙共计十人左右，又渔利二三万金；正副粮差共计三五十人，每人渔利二三百金，则又去一二万金；粮书二三百人，每人渔利一二百金，则又需三四万金。这还不包括其他参与漕粮运输的人。由此可见，这群贪官污吏层层盘剥，将沉重的漕赋转嫁到佃户身上。故冯桂芬建议，整顿漕务应从整顿吏治出发。可惜当时许乃钊并未将冯桂芬的建议放在心上，冯的此番上书未获得任何重视。

咸丰十年（1860）因战火的原因，冯桂芬避居上海。客居他乡并没有使冯忘记为减赋一事多方奔走。在这一时期，他上书曾国藩陈述减赋的必要性和紧迫性，得到曾的首肯，但曾并未对减赋一事作出具体的批示、行动。同治元年（1862）春，李鸿章为镇压小刀会起义，率兵抵达上海。在此期间，李竭力邀请冯桂芬入幕，助其改革政务。冯桂芬再次借机向李提出减赋一事，称减赋一事"关系我桑梓者甚大，福星在上，千载一时，机无可失"。同治二年，松江知府方传书也提出减赋问题，他向两江总督曾国藩、江苏巡抚李鸿章报称：受太平天国战乱影响，整个江苏大部分地区农业生产遭战火破坏严重。若这个时候还是沿用旧日借口，以受自然灾害影响要求减赋，还不如直接向朝廷明言，苏松太地区重赋的弊端，直接要求减免税赋。一直留心漕赋问题的吴云，也写信给潘曾玮等人，对苏、松二府漕赋中各种弊端详加陈述。敢于任事的李鸿章，觉得众人所说在理，于是将减赋之事托付给冯桂芬和粮道郭嵩焘办理。

　　得知自己多年奔走的减赋一事，终于得到了朝廷大员的支持，并点名要求自己亲自督办，冯桂芬欣喜不已。也正因为一切努力得来极其不易，冯桂芬亲自代曾国藩、李鸿章起草《请减苏松太浮粮疏》，因为上书事关减赋一事是否能得到朝廷的有力支持。在撰写此疏之前，他多方考察，并征求了当时在上海的李友琴、邹雨平、吴云等人意见。写疏过程中一直斟酌再三，反复推敲，多次修订，写了十来天才完成。

　　同治二年（1863）五月十二日，曾国藩、李鸿章就苏松太地区减赋问题上奏朝廷。此前，太常寺卿潘祖荫、御史周寿昌等亦先后上奏请求减免苏松太地区税赋，朝廷均未对其上奏进行批复。待曾、李等人奏折到京，朝廷当天即颁布上谕，令曾、李二人会同布政司和漕粮部门，查明各州县粮食生产情况，商议减赋额度，并将二人原折和潘祖荫等人的奏折一并交户部核议。

在这份冯桂芬代曾、李二人所拟的上疏中，他详述了苏松太地区重赋的由来，强调了减赋的重要性以及必要性。文中，冯桂芬首先指出苏松太地区的重赋由来已久，江南地区的佃户基本无法负担如此沉重的赋税。随后，他列举历代江苏省收缴赋税情况，证明其观点。自明代以来，江南重赋压得佃农喘不过气来，地方官员催缴赋税，多只能完成六七成，基本无人能完成八成以上的赋税缴纳。康熙年间，江宁巡抚曾上奏朝廷表示本地区官吏无人能完成全年的征缴赋税工作，这一情况基本属实。即便是在大清朝国力最鼎盛的康雍乾时期，民众安居乐业，九州物产丰饶，也仅有少数年份江苏地区完成全额赋税的收缴工作。道光三年（1823），江南地区受水患影响，元气大损，农业在一定程度上受到破坏，当地工商业也遭受重创，这使得原本富庶的江南人民逐渐由富转贫。道光十三年（1833），江南地区再遭水患重创，那一段时期整个江南都在闹饥荒，县内的漕吏也放缓了催缴赋税的日程，地方官员依此向国家奏请减免赋税。此番减赋获得朝廷批准后，江南地区地方官吏每年都以水患影响为由，奏请减免税赋，这一借口其实朝野皆知，但皇帝不加追问，户部并不驳斥，大臣对此亦无异议。所以，冯桂芬指出，当今朝堂上下采用互相推诿，睁一只眼闭一只眼的减赋方式，表明不愿意从根本上解决江南重赋问题，苏松太地区农民仍未能切实感受到朝政之利，这将不利于地方的民生安定。自道光十一年（1831）至咸丰十年（1860）的三十年间，江南地区缴税多采用官府垫资、佃户拖欠等方法，富裕州县勉强能征赋达到七八成，贫困州县仅完成四成征赋，且连年征收都呈递减趋势。故冯桂芬在文章最后指出，江南重赋已是既定事实，民间产能有限而官府征赋过高，如此积弊不除，将来定会酿成大祸。

冯桂芬建议，当认真整治江南地区赋税问题，比较历年征收之数，酌情给予减免。同时，改定新的赋税制度，禁止地方官员捏造灾情，禁止官府挪用垫资，重新核定江南各州、府税额。在这份奏疏中，他直言希望朝廷减少苏松太地区赋税额度，责令相关人员重新彻查各州县具体情况，建议以咸丰年间收成较好的七年为例，折中议定新的赋税额度。

曾国藩、李鸿章在仔细审阅了冯桂芬所撰写的疏奏后，召集江苏省各州县官员进行商讨，以近十年内各地农户纳税情况为依据，制定新的税赋标准。其中，苏松太地区原本额定年缴纳漕粮一百四十余万石，经商议后奏请减少为九十万至一百万石。户部根据上奏结果进行讨论，最终决定苏松太地区减赋近三分之一，新赋税规定该地区漕粮额为每年九十七万石。此外，常州、镇江两地漕粮负担较轻，经户部商议后，常、镇两地每年减赋十分之一。为减赋一事奔走数年的冯桂芬得知此消息激动不已，一则感叹母亲遗愿得以实现，二则为地方百姓得以安居乐业感到欣慰。

在重新议定江南各地漕粮赋额后，李鸿章命冯桂芬协同江苏布政使刘郇膏一起负责执行减赋的具体事宜。然而，此番合作并不顺利，刘的意见常与冯桂芬相左，二人在减赋具体意见上争执不下。这一争端，直到同治四年（1865）经由曾国藩出面调解方才解决。

刘郇膏（1821~1867），河南泰康人，字松岩，道光二十七年进士，咸丰元年出任江苏娄县知县，八年调任上海知县，同治元年任江苏布政使，四年任江苏巡抚，五年因母亲病故，回籍守制。刘郇膏政绩显著，尤其善于筹措饷银。刘、冯二人因办差而产生分歧，主要因为刘郇膏身处官位，需要向朝廷展示其执政能力，必须考虑政绩问题，而冯桂芬早已不再眷恋官场多年，志在解决民众疾苦，因此二人在减赋问题上所处的立场、情感和考虑问题的视角都存在一定的分歧和差异。

江南重赋由来已久，历代统治者早已注意到这一问题，然而却无人出面解决。明清两朝不少有识之士早就指出江南重赋问题将影响当地发展与民生安定，但却一直未治理，且赋税额度日益加重。减赋，究其实质是朝廷利益和地方民生间的博弈，是除积弊、解民困还是不顾百姓死活一味索取间的一场斗争，冯、刘二人摩擦不断就是这一斗争的反映。二人关于减赋问题的分歧主要表现在以下三个方面：

其一，二人对于减赋范围、力度认识有所不同。按照户部所颁布的条例来看，苏松太地区当减赋三分之一，而常、镇两地当减赋十分之一。然而，咸、同时期江南地区屡遭战火侵袭，以往繁荣的工商业受到重创，农业发展亦不顺利，地方经济一蹶不振。即便朝廷给予如此力度的减赋额度，冯桂芬仍然觉得不够缓解百姓压力。他提出在民生安定时期，苏松太地区实际每年缴纳税额都未超过八十万石，现在额定缴赋仍高于安定时期，这使得朝廷的减赋政策实为一纸空文，仍旧无法解决地方百姓的困苦。于是，冯桂芬请求朝廷在新定额度的基础上，再减去一成的赋税额度。为此，他数次向曾国藩、李鸿章进言，要求重议赋税额度。然而作为地方官员的刘郇膏则认为冯桂芬此举是给自己仕途添堵，影响他的个人政绩。所以，在具体执行减赋一事时，刘郇膏坚决抵制冯桂芬再减一成的建议，并批评已出的减赋条例，请求收回常、镇两地减赋十分之一的旨意。刘将自己的主张和建议上报给曾、李二人，要求两位大人为其做主。然而他的这一系列上奏，并未获得曾、李的支持。同治二年秋冬，李鸿章带兵路过苏州，叮嘱其幕僚们协助处理有关减赋相关事宜，刘郇膏听闻此消息，立刻赶往苏州，求见李鸿章。刘郇膏请求李鸿章务必答应他恢复常、镇两地原定赋额，并表态不支持冯桂芬提议苏松太再减一成的主张。面对刘郇膏的据理力争，李鸿章只是一味嬉笑推脱，不与其作深入探讨，更不为其要求所动。刘此番面奏无效后，便转往曾国藩处继续"据理力争"，务必使地方大员支持其请求。同治四年（1865），曾国藩为了平定刘、冯二人之间的争执，决定采取折中的方法解决之。即否定了刘郇膏对于常、镇两地税赋不能减的意见，但是，冯桂芬的苏松太税赋再减一成的要求也没有成功。

其二，清丈问题。赋税的缴纳额度主要根据土地面积来计算，土地面积的清量直接关系到赋税额度的多少，因此减赋问题势必与清量土地息息相关。历朝历代关于土地的丈量都有一套体系，各地丈量方法也不尽相同，因此土地的丈量、计算方式在不同时期、不同地区并无统一标准。比如，江南地区不少地区丈量土地采用的是旧弓（"弓"即土地测量工具之一），以六尺为一步，而其余部分地区则采用新弓，以五尺为一步。那么，同样一块土地，如果用旧弓测量，则亩数少、税赋轻，若用新弓丈量，则亩数多、税赋重。刘郇膏听说民间有人希望通过重新丈量土地面积，以隐藏亩数，达到少交税赋的目的。于是他请李鸿章派冯桂芬赶赴事发地点川沙地区，重新清量土地面积，核定税额。

在冯桂芬看来，重新清量土地有助于核定省内各户所持田亩数，可以核定新的赋税额度，同时也能解决地方因土地问题所产生的纠纷，杜绝豪强兼并土地的可能。因此，他根据《大清会典》户部条例规定，丈量旧田亩数时采用旧弓，丈量新增土地时使用新弓，这样农户不会因清丈标准的改变而多交赋税。哪知正当冯桂芬在田间兢兢业业清量土地时，一纸公文要求其立刻停止手头清丈工作、撤销其所创立的清丈机构。原来，按照刘郇膏的设想，通过清丈土地可以获得更多的面积，这样一来可以征收更多赋税。没想到冯桂芬的清丈方式与自己所设想的并不一样，不但没能清丈出更多的土地，反而还使已有的土地丈量面积比原来登记的更少了。刘、冯二人再次因为清量土地问题产生矛盾，刘对冯的成见日益加深。

其三，津贴问题。苏松太地区减赋三分之一，常、镇两地减赋十分之一，这使得布政使刘郇膏无法以公文为依据催收更多赋税。加之，他企图通过重新丈量土地的方式增加赋税，也被冯桂芬识破。因此刘规定无论大小农户，每石漕粮必须加收运费一千钱、杂费一千钱。冯桂芬刚为减赋一事初获成效而颇感欣慰之际，又被刘的新政触怒。他联合潘遵祁、顾文彬等苏州士绅，联名致函减赋局员陈庆溥，严厉斥责刘郇膏乱加津贴一事。刘、冯二人因减赋所产生的一系列矛盾终于爆发，刘亲自到冯桂芬府上理论，二人争执不下，最后经由李鸿章出面调停，刘追加运费、杂费一事才被叫停。

经历了为减赋一事数年奔走、上书，又在协办减赋一事时与地方官员斗智斗勇，已近晚年的冯桂芬屡次感到身心俱疲。但当看到苏松太地区减赋一事最终落实后，他感到十分欣慰，终于在毕生之年完成了其母心愿。

助冯桂芬完成减赋心愿的李鸿章，对于冯力主减赋一事给予很高的评价。在《冯桂芬建祠片》一文中，李鸿章大力肯定冯为吴地百姓所作出的贡献，认为江南减赋一事"于朝廷为大政，于江苏为大利害"。在他看来，冯桂芬从最初考察赋税一事"条议说贴，哀然成帙"，到后来协同办理减赋一事"精心擘画，次第举行"，均彰显出这位退居在籍的士绅，关心民瘼、不为利益所动的宝贵品质。而吴地百姓亦因减赋一事，对冯桂芬称道不已，因此，李鸿章奏请朝廷允许苏州地区人民为冯桂芬捐建专祠。

重振苏州教育事业

轰轰烈烈席卷清王朝半壁江山的太平天国起义，终在同治三年（1864）被曾国藩的湘军所剿灭。太平天国起义爆发之初，清王朝统治危机已现端倪，大批流民、饥民汇集成起义的主力军，在洪秀全"拜上帝教"带领下揭竿而起，意图推翻腐朽的清王朝统治。可惜，这场持续十三年之久的农民起义运动，在中外势力的剿杀下终结，清王朝恢复了对太平天国所盘踞的长江中下游地区统治。

同治二年（1863）冬，清政府恢复了在苏州的统治。第二年秋，冯桂芬从上海返回自幼长大的苏州，此时的他已年近六旬。在即将步入花甲之年时，冯桂芬是如此渴望回到苏州，在故乡的小桥流水边，安度自己的晚年。

这几年因避战火，举家逃难至上海，颠沛流离的日子使冯家上下遭遇不少变故。虽然儿子都已娶妻生子，但本该享受天伦之乐的冯桂芬却因战火失去了两个孙子，一直相依为命的结发之妻黄氏，也在客居上海的时候去世了。再次回到苏州新桥巷的老宅，冯桂芬唏嘘不已。儿时成长的地方，如今已早无人居住。庭院里已是青苔满阶，荒草遍地，一片衰败之景。虽说旧宅内的家具还保留了当年因太平军战乱离去时的模样，未曾遭到战火的洗劫，但家庭成员的离去，让年迈的冯桂芬感慨万千。冯桂芬刚返回苏州时，仍定居于新桥巷旧宅中，但物是人非的感觉常令他心情格外沉重。好在随着战乱的平息，冯的不少苏州籍好友相继返回家乡，如顾文彬、潘遵祁、潘曾玮等人。老友相聚，为冯桂芬晚年生活增添了不少乐趣，然而随着时间的推移，这群老友们或老或病，虽然同住苏州城，聚会的次数也随之减少。

同治五年冬，冯桂芬旧疾频频发作，加之作为一方名士，频繁的应酬颇令他不胜其烦。于是，他决定卖掉新桥巷的旧宅，改迁至灵岩山下木渎镇居住，希望在依山傍水处安度晚年。

木渎镇是苏州郊区的古镇，距今已有两千余年历史。"木渎"一名由来已久，相传春秋末年吴王夫差在灵岩山顶建馆娃宫以取悦越国美女西施。建馆所用木材由河道运输至姑苏城下，因为所需木料太多，堵塞了山下的河流，因此就有了"积木塞渎"这一成语，古镇也因此得名"木渎"。古镇木渎人杰地灵，曾在此出生或生活过的名人有范仲淹、袁遇昌、吴宽、毕沅、叶燮、沈德潜等。良好的文化氛围、雅致的自然景观，使木渎名扬江南地区。冯桂芬晚年之所以选择定居木渎，正是看中了这里的自然环境与深厚的历史文化底蕴。

在木渎，冯桂芬所购买的是乾隆年间著名诗人沈德潜的旧宅。这座小宅风景极为清幽，门前小溪环绕，屋后茂林修竹，实属极佳的休养之地。冯桂芬入住后将此宅命名为"校邠庐"，开始他定居木渎的晚岁生活。

虽然冯桂芬在中年之时，仕途遭遇挫折，因而心灰意冷，离开京师返回苏州，可留在朝中的不少有识之士，并未因为冯的离开忘记他的贡献。晚年定居苏州时，冯桂芬仍数次被举荐。李鸿章曾竭力向朝廷推荐冯桂芬，认为冯少年之时就随林则徐读书，继承了林公经世思想，定居上海期间又参与了"借师助剿"与洋人有所合作，视野宽广。加之江浙一带有才学又曾为官历练过的士绅本就不多，饱受战乱影响的江浙地区百废待兴，正是冯桂芬为朝廷效力之时。或许是因为对仕途失去了信心，加之身体状况一般，冯桂芬婉拒了这些推荐。

虽屡次婉拒推荐，但并没有影响朝廷对冯桂芬所作功绩的肯定。冯桂芬不断得到朝廷加封赏赐。同治六年，李鸿章以苏松太三属办团练善后出力人员为由奏请加封，冯桂芬被封四品衔。同治九年，又经由李鸿章出面保奏，被破格封三品衔。同治十一年，冯桂芬被朝廷加一级记录三次。晚年屡次被加封，使他倍感欣慰，认为自己一生的功绩得到了朝廷的肯定。

在返回苏州的最初数年间，冯桂芬一面忙于整理家务，另一方面不忘为重建苏州贡献绵薄之力。遭遇太平天国战火洗劫后的苏州，满目疮痍，城郭破损，道路残缺，流浪者四处乞讨，一片衰败之气。看到家乡已不复年少时那般花红柳绿，冯桂芬十分伤感。一生都在为百姓安居乐业谋事的冯桂芬，此时虽已年迈多病，却努力为家乡的重建工作，多方奔走，贡献自己的力量。

作为深受儒家文化浸染的地方名绅，冯桂芬的首要任务就是复建苏州府学。苏州府学建于宋代，为范仲淹所创，以后屡建屡毁，乾隆之时修葺一新。咸丰十年（1860）太平军占领苏州以后，仅存大成殿栋梁，其余均被战火焚毁。冯桂芬首选重建苏州府学，也是为了让苏州地区青年学子早日开始恢复读书习字。在冯及其好友潘曾玮、顾文彬等人的倡导下，苏州地区官绅纷纷解囊，多方筹募，重修旧日府学。

在重建苏州府学后，冯桂芬又率众人开始重建苏州试院。在施行科举制度的旧日，试院即学子们举行科举考试的地方，是与府学相配套的机构。清王朝恢复了对江南地区的统治后，逃难至上海及其他地区的官绅们陆续回到原籍安居乐业，学子们的教育、考试等问题再次重回大众视野。苏州试院的重建，由冯桂芬、薛君书二人负责，经过多方考察、探讨，二人商议决定在原试院旧址上重修新试院。重建工作开始于同治三年（1864）七月，历经四个月，于十月完工。新落成的试院，其建筑风格基本依照旧式无所改动。旧时试院面积较小，设备老旧，多项设施不完善，在举行科举考试时，考生经常需要自带桌椅。此番重建，冯、薛等人改造旧弊，扩大试院规模，考生无须再自带桌椅参加考试了。

在重建苏州府学、试院后，冯桂芬出任苏州正谊书院山长一职，全面重建苏州教育事业。冯桂芬与正谊书院缘分颇深，最初踏上科举之路时，就在正谊书院读书。也就是在这里，他受到了恩师林则徐的赏识，随后入林府读书、学习。可以说，正谊书院是冯桂芬科举、治世的起点，因此他对正谊书院怀有深厚的感情，期望书院能培育出更多青年才俊为国家建设添砖加瓦。在告别官场返回家乡安度晚年的时候，冯桂芬致力重整正谊书院，使其恢复以往的风采。

太平军占领苏州后，正谊书院被战火焚毁。待战争结束后，苏州地方政府决定将咸丰十年组建的沧浪讲舍改为正谊书院，重新向学子们传授儒门经典。为了使新的正谊书院维持良好运转，时任江苏巡抚的李鸿章通知有关部门筹措银饷一万二千两，用其中一万两购置田地，以田地的岁租来应付学生的膏火钱，其余款项用于购置房屋、家具。书院的日常运转工作由顾文彬管理，主讲一职由冯桂芬担任。整个书院的经营，则效仿临近的金陵惜阴书舍运转方法，同时学习湖南岳麓、城南等书院的日常管理办法，招收学生住在书院内读书学习直至毕业。在学生中选择年纪较长者一人为斋长，帮助书院方管理学生日常生活。

在冯桂芬主持正谊书院的三年间，培养了一大批有为青年。著名人物有吴大澂、洪钧、王松蔚、叶昌炽、袁宝璜等。其中，吴大澂为同治七年进士，晚清著名学者。吴大澂中进士后，最初授翰林院编修一职，随后出任陕甘学政、广东巡抚、湖南巡抚等要职。洪钧与吴大澂同为同治七年进士，洪为当年会试状元，出任翰林院修纂，后任湖北学政、兵部左侍郎，曾官至总理各国事务衙门大臣，名满天下。而王松蔚、叶昌炽、袁宝璜三人均中进士，享有"苏州三才子"之美誉。

冯桂芬除了关心家乡教育事业的重建之外，对维护社会稳定的旌表节烈、抚弱安贫等宗族事务也多有关照，如修建六烈祠一事。冯桂芬在自上海迁返苏州的路上，听乡邻议论在太平军占领苏州时，原居住于新桥巷西北边的清净庵的比丘尼慧修及其徒弟志远、通喜、银福、金福、民妇曹氏等六人，因担心受辱，依年龄长幼，最大的六十岁，最小的七岁，从容投水而死。冯桂芬有感于六位女性在大难临头时，选择取义成仁，从容赴死，于是上书有关部门，请求对这六位女性予以旌表。同时，冯又组织重建遭战火侵袭的清净庵，将其改为六烈祠予以纪念。冯桂芬家乡尚有不少生活无助的寡妇，她们在丧夫后守志未嫁，应视为地方道德表率。然而这些寡妇并未因守志而获得基本生活保障，不利于教化宣传。因此，在修建完节烈祠后，冯桂芬又召集志同道合的地方乡绅，捐钱一千二百缗，购地建屋二十楹，收养那些生活无助的寡妇。

冯桂芬一直都关注贫苦人民的生活，在避居冲山的岁月里，他就曾提倡建造一仁堂，照顾无端遭受战火涂炭的老弱病残生活，掩埋战乱中死去的贫民尸骸。此番返回苏州修建六烈祠，同时收养生活无助的寡妇，可见冯桂芬非常关心生活在社会底层的弱势群体，一生都在为维护地方安定、团结、和睦贡献自己绵薄之力。

重修《苏州府志》

平定太平天国战乱后，清王朝进入了短暂的安定发展时期。此一时期内，国内暂无大规模动乱发生，趁着这安定的时期，清王朝掀起了一股自上而下的改革运动——洋务运动。在洋务运动开始的最初数年间，新式的军工、矿产、交通、通信等行业纷纷建厂开工。原本经济基础极佳的长江中下游地区，因交通便捷、开放口岸多等因素，成为洋务派领导人开工建厂的主要地区。冯桂芬所生活的江南地区在经历战乱后，再次迎来了新一轮经济飞速发展时期，苏南地区经济形势一片大好。

随着生产的复苏、经济的好转，江南地区的百姓再次过上安定、富裕的日子，地方事务也在这样一片良好形势下有条不紊地重新展开。同治八年（1869），时任苏州知府的李铭皖决定重新修订《苏州府志》。一般而言修志工作都是在社会安定的时期展开的，知府李铭皖决定在此时重修《苏州府志》，也是为了向世人昭示大清国力的恢复。

对于此次修志的总体工作，李铭皖有自己的一番规划。其中，关于修志人选，他第一时间想到了冯桂芬。首先，冯桂芬当时已经是地方名儒，名满江南，请地方有名望的人士出面修志，是一般修志的惯例。其次，李、冯为同年进士，二人早年就已相识，志趣相投，私交较好，此番若能请他来主持修志，是再合适不过的了。在听闻李铭皖请其主持修订《苏州府志》，冯桂芬表现出极大的热情，积极投身建设家乡文化事业中。冯桂芬此时已经年过六旬，精力不及过往。因此并没有亲自参与撰写《苏州府志》，他对此番修志的主要贡献是提出了修订的体例和组织编修人员。

为了确保修纂工作顺利进行，冯桂芬在修纂工作开始之前，便多方考察以往所修地方志的体例，遵照前人修志成果，制订此次《苏州府志》的修订体例。此前，苏州地方志已修过多部，最早的当属南宋范成大所修《吴郡志》，随后历代皆有地方官员组织学者修纂方志。在冯桂芬看来，在这些已有的修纂成果中，乾隆时期郡守所修方志体例最佳。因此，此番组织重新修志，他决定依旧沿用乾隆时期方志的编纂体例。

旧志中所绘制的地图，并不完善，不少图表仅有简单的方位标识，且与现时使用的标识有一定的出入。此番重新修志，冯桂芬对这些旧图重新进行标注，并附上新旧尺寸，以备参考。府志中还包括大量墓冢坟茔、节烈牌坊等内容的记载，主要是为了填补以往府志中的记载空白。同治年间所重修的《苏州府志》，最大特点即体例精严，门类清晰，兼采过去众家之长，可见为了订立修志体例，冯桂芬经过了一番深思熟虑。《苏州府志》初稿于同治十三年（1874）完成，巡抚李铭皖称赞此志"皆审慎精严，独具手眼，诚足以匡文体，媲美于范、卢、王三志者也"。

参与修纂的部分编修人员，为冯桂芬的弟子，如举人柳商贤、叶昌炽等。冯桂芬选择自己的弟子参与编纂《苏州府志》，主要是因为自己的门生能更好地在编纂过程中遵循他所制订的体例，贯彻修志旨归。由此可见，冯桂芬非常重视此番工作，虽然他已年迈体弱，无法全程参与，但仍竭尽所能，组织最合适的人员参与其间。在修志过程中，除了参考必要的文献资料外，冯桂芬还要求各分纂人员必须下乡采访，以确保所编纂内容的真实性、全面性。

修志工作开始于同治八年，十三年夏天初稿初具，可惜冯桂芬病逝于初稿完成之前。冯去世后，剩余的修志工作由他的两个儿子冯芳缉、冯芳植继续主持，原先的各分纂负责人不变。最终，此志于光绪九年（1883）刊印出版。

入祀乡贤寺

冯桂芬在出生之时就先天不足，身体条件一般，自幼体弱多病。青年时代身体虽然无甚大碍，但中年以后却常生病。咸丰八年携父北上再次赴职遭受冷遇，冯桂芬深受打击，自此气血不畅，导致旧疾复发。随后又在父亡回籍守制的岁月里，碰上太平天国战火的纷扰，过上颠沛流离的生活。这段时期内他身体状况一直不佳，常年为疾病所困扰。

晚年重返苏州定居时，医生曾专门叮嘱冯桂芬，因为长期忧思操劳导致肝、脾功能衰弱，所以晚年不可思虑过重。然而一直关心家乡政务活动的他，在乡居木渎的日子里，仍然组织人手修订《苏州府志》，且同时亲自料理书院日常大小事务。操持这样繁重的公务事宜，他的身体终于难以支撑。

从同治十三年（1874）二月开始，其病势逐渐沉重。早期仅是偶尔腹泻，至三月中旬，饮食递减。然而冯桂芬并没有将这些身体的异状放在心上，每日仍然照常工作。繁重的家乡政事，终于累垮了这位近代史上著名的思想家。四月十三（5月28日），冯桂芬病逝于苏州木渎，享年六十六岁。同年冬，冯桂芬与其妻黄氏合葬于吴县二十一都八图阳甲字圩北祝坞。

冯桂芬生前为苏州府名人、一方硕儒。对于他的去世，其家人、学生、朋友，熟悉他的士绅、百姓都很悲痛，人们以各种形式予以纪念。

冯桂芬的墓志铭是由直隶总督、武英殿大学士李鸿章撰写。在墓志铭中他综合评价冯桂芬："江南文献，先帝儒臣，众望是资。均赋治河，运筹决胜，条变画奇，舒古琳今，龄谋晦断，一身兼之。不荣于禄，而富于书，浩博无涯，我铭藏幽，君书在世，其传奚疑。"可见，李鸿章高度肯定冯桂芬为江南政务所作出的巨大贡献，无论是著书立说，还是积极参与地方事务。李鸿章身为洋务运动领袖之一，非常认同冯桂芬对时势的分析、认识，折服于他在《校邠庐抗议》一书中对未来发展的设想，数次邀请冯桂芬入幕为宾。后冯桂芬成为李鸿章的幕僚，冯桂芬去世，令李鸿章倍感遗憾此后无人在幕中指点其处理洋务。为了纪念这位为洋务运动提供指导思想的一方名士，李鸿章亲自为其撰写墓志铭，赞其一生功业。

除了李鸿章等在朝官员为冯桂芬撰文悼念外，冯的好友、清末硕儒、曾出任苏州紫阳书院山长一职的俞樾也以挽联寄托哀思："富贵寿考重以科名算海内知交都无此福；儒林文艺兼之经济叹吴中耆旧顿失斯人。"盛赞冯桂芬一生学问、事功成就，也感叹其离世为当地百姓之损失。

同时为冯桂芬的离去深感悲痛的，还有潘曾玮。冯、潘二人曾一同为向洋人借兵平息战乱而多方努力，又同为减赋一事东奔西走。潘曾玮特作挽联，悼念这位昔日挚友："通家交谊最情亲卅五年之久端赖师资长期寿世寿身南面百城拥万卷，翰院文章推杰出十六科以来罕有伦比特举公才公望西平一表足千秋。"同年十一月十二日，李鸿章应苏州士绅们的请求，奏请在苏州为冯桂芬建立专祠。在这份奏折中，李鸿章详细地罗列了冯桂芬为家乡苏州所作出的种种功绩：面对东南匪患，冯桂芬主持设置会防局、筹措粮饷，助官军迅速平定匪患；同治年间，又力主减赋，为解决苏松太地区重赋问题，多方奔走申告；晚岁定居苏州时，重建学府、抚恤孤寡等地方事务皆亲身参与，终积劳成疾病逝于苏州。

光绪二年，奉旨入祀乡贤寺，其祠位于现今苏州市临顿路史家巷。

第 5 章

《校邠庐抗议》

《校邠庐抗议》的产生

尽管冯桂芬晚年乡居苏州期间拒绝了曾国藩、李鸿章等朝廷重臣的入仕邀请，但仍然获得了朝廷屡次加封，享受三品衔待遇，这表明他生前已为享誉一方的著名士绅。冯逝世后，李鸿章亲自为其撰写墓志铭，同时奏请批准在苏州为其建立祠堂；左宗棠为其作传，赞颂一生学问、事功，这对于一个在野知识分子而言已是莫大的荣耀。然而真正使冯桂芬在近代史上占据重要地位的并不是这些朝廷封赏、地方祭祀以及官员的撰文纪念，而是《校邠庐抗议》。该书使其永为后世纪念。

《校邠庐抗议》为晚清史上一本重要著作，该书较为全面地展现了冯桂芬在客居上海期间，直面西方文化、制度的冲击，结合其以往治世经验，对中国传统社会如何发展，进行的深刻探讨。在这本书中，冯桂芬全面考察了中国传统社会中政治、经济、军事、民生、科举等诸多内容，并对这些内容的未来发展提出了自己的观点。《校邠庐抗议》写成之初，并未立刻刊印，但已为学界不少学者传抄。冯桂芬逝世后，此书由其子冯芳缉、冯芳植携手于光绪九年整理出版。在"百日维新"期间，光绪帝亲自下令刊印此书一千本，分与大臣们学习，此书深刻地影响了20世纪晚期的一大批士人，并最终为历史所铭记。冯桂芬在书中所提出的不少观点，后成为洋务派、维新派人士改革社会的指导思想，冯也因此成为晚清著名思想家。

关于该书的书名，有不少解释，此处取流传最广的解释。冯桂芬在避居上海时，将自己的临时寓所命名为"校邠庐"。根据熊月之先生在《冯桂芬评传》中的考察，"校邠"二字连用当为冯桂芬自创，其中"校"当为"校正"；"邠"为商、周时期的地名，其典故为对外实行恕道，那么"校邠"即表明"校正对外实行恕道"。结合历史背景加以考察，冯桂芬避居上海时正值第二次鸦片战争结束，清廷与列强签下了《天津条约》《北京条约》，他将寓所命名为"校邠庐"，自谓"校邠先生"，即表达对这种对外实行恕道的外交政策不满。同时，《太玄经》中"斐如邠如"一句，比喻文风很盛的意思，冯桂芬取谐音称寓所为"校邠庐"，表现出旧时代文人的雅士之风。而"抗议"一词来自于《后汉书·赵壹传》一文，表明"位卑言高之意"。然而遍查《赵壹传》全文，并未出现"抗议"，只有"抗论"一词。原文为赵壹写给友人的一封信，"以下贵贱，握发垂接，高可敷儩坟典，起发圣意，下则抗论当世，消弭时灾"。冯桂芬在这里化用"抗论"作为书名，表明自己作为在野知识分子，仍心系国家，无惧位卑，畅言改革。面对对外战争失败所带来的开放内陆港口、列强在国内各城市设立租界、巨额赔款、传教士可以自由建教堂传教等条款，冯桂芬深感痛惜。为了表达对朝廷无能的愤慨，他将书命名为《校邠庐抗议》，以示对软弱外交的不满之情。

《校邠庐抗议》初稿完成于咸丰十一年（1861），全书共计四十二篇文章，其中有四十篇为冯客居上海期间所撰，另有两篇《用钱不废银议》《以工巧为币议》，作于因父亡守制在籍，修盐法志、办理劝捐团练时期。因战乱搬迁至上海，短时间内也未能建立社交圈子，冯桂芬只得在家看书、休养，偶尔与儿子赴租界见识下小小的西方世界。正是在这种安静、稳定，且资讯更新极为迅速的时期，冯桂芬写下了《校邠庐抗议》中的绝大部分文章。这些文章部分是其平日办差时日思夜想的成果，也有迁居上海看世界后对中西文化进行的思考，总体而言，该书是冯多年治世思考后的理论结晶，是当时国内知识分子对时政、社会发展较深入、全面的理论考察成果。

　　值得注意的是，《校邠庐抗议》在写成之初，并未立刻刊行出版。该书最初的流传仅局限于与冯桂芬私交甚好的一群友人之中。在该书写成的最初，冯桂芬想请曾国藩代为作序，于是他专门抄录了一份送给曾国藩阅览，并附信一封。曾国藩读罢此书，颇为欣赏，然而他并不认为冯的这些建言在当时有实施的可能。他在日记中这样评价："粗读数十篇，虽多难见之施行，然自是名儒之论。"即便如此，曾还是将该书抄本付与幕僚、同僚们传看，不少人抄录有副本。后来在曾国藩自录该书副本中，有这样一段题识："同治元年十月，曾国藩敬读，录一副本，与皖中学者共观，叹为嘉道以来治国闻者所不及，阙后马学使恩敷，窦侍郎埏各录一副。似应刊刻，以贶百尔。"这表明书稿在成书之初，就已流传相当广泛。

　　对于这样一部自己耗尽毕生心血所写成的著作，冯桂芬却并未立刻将其出版，该书正式面世是在冯去世十多年后。为何冯桂芬在世之时未能出版这部自己一直引以为傲的著作呢？关于这一问题，书稿中未能给出确切的答案，只得通过他与友人的书信探寻背后的原因。

冯私交好友吴云在《显志堂稿序》一文中提到了冯桂芬未刊印此书的原因：冯在著书之时，清朝正受西方列强压迫、掠夺，官绅贪腐无为，百姓生活日趋困苦。冯桂芬目睹这一切后感慨万千，他将胸中的愤懑之情寄托于笔端，写出了一系列抨击时弊、改良社会的文章，即后来《校邠庐抗议》中的多数篇章。这些文章直指社会积弊，倡导改革，然言辞激烈，有可能为冯招来非议。因此，冯生前虽然非常想出版，但最终只让书稿在士大夫阶层传抄，期望士大夫看了这些文章后，对时弊有所改良。随后，吴云又数次在与冯桂芬的书信往来中，提醒冯桂芬勿要轻易将此书刊印出版，以免为自己招致祸端。吴云与冯桂芬都曾在仕途上受过挫折，亲身体会过世道艰险，此后处世十分小心谨慎。冯接受了吴的意见，终其一生并未出版该书。

冯桂芬去世两年后，其子冯芳缉、冯芳植一同整理、出版了冯桂芬文集《显志堂稿》。在该文集中，收录了《校邠庐抗议》文稿中部分篇章，如《变捐例议》《绘地图议》《均赋税议》《稽旱潦议》《兴水利议》《改河道议》《劝树桑议》《壹权量议》《稽户口议》《重酒酤议》《收贫民议》《崇节俭议》《复宗法议》《重儒官议》。综观这十四篇入选文稿，均为冯桂芬关于经济改革方面的文章，而关于时政改革的文章则无一入选。吴云认为，冯芳缉、芳植此番整理、出版部分《校邠庐抗议》文章，颇符合冯桂芬生前遗愿，即不愿让切讥时政的文章为家庭引来灾祸。

随着时间的推移，整个社会思想也随着时政的转变而转变。至光绪九年（1883），由曾国藩、李鸿章等牵头开展的洋务运动，已发展二十余年。洋务思想渐为全国上下所接受，洋务派在各地新建的军事、矿业、通信业、交通等项目获得了大部分地方民众的支持。冯芳缉、芳植看到社会形势已变迁，认为其父思想在此时不会被视为异端邪说，故顺应时势，将《校邠庐抗议》书稿中所有篇章结集出版。最终在光绪九年，天津广仁堂刻印《校邠庐抗议》全书，这也是该书的最早刻本。

光绪二十四年（1898），光绪帝采纳冯桂芬之孙冯世澂所提供的"北洋石印官书局印"本的《校邠庐抗议》，下令北洋总督将此本印刷分发给朝廷大臣学习。《校邠庐抗议》也因此在晚清思想史上占据重要地位，在一定程度上影响了晚清知识分子改良社会的观点。

《校邠庐抗议》的影响

在《校邠庐抗议》一书成书最初，冯桂芬的好友吴云以及曾国藩幕僚赵烈文二人对该书有全面、系统的评价。吴云作为冯桂芬晚年至交好友，是最早看到《校邠庐抗议》一书的人之一，他对该书的评价极高，叹曰："亭林所谓'若果见之行事，不难跻斯世于治古之隆'，此四十篇，实足当之。"赵烈文之所以能最早一睹该书全貌，是因为当时他在曾国藩幕下工作，曾国藩初得此书时叹其精彩，传至幕下让众人学习。赵烈文看完全书后，对书中篇章进行逐一点评，表达自己的观点。在赵看来，冯桂芬不少的政治改革观点，在当时无法推行，例如"杜亏空"一条人力资源浪费严重，并且会让国家法令越来越严苛，时弊也不会因此而减轻。而其余像"厚养廉""汰冗员""复乡职"等建议，赵认为并非冯桂芬原创，前人早有提过。其余"绘地图""均赋税""采西学"等内容，赵则大加赞赏，认为这些建议为"当今切务"。然而，也有不少内容为赵烈文完全不能接受，如"复陈诗"一条。赵之所以如此反对这项建议，是因为在他看来这项政策如若推行，将产生"语言文字之狱，将不可止，大乱之道也"的后果。在赵烈文看来"天下有道，则庶人不议"，他觉得若恢复"复陈诗"的举措，则是"天下无道"的反映，因此他坚决批评冯桂芬这项建议。通观《校邠庐抗议》全书，赵烈文认为该书最精彩的地方是"师夷法"，他坚信若能很好地学习西方技术，则抵御西方入侵指日可待。《校邠庐抗议》中诸多改革意见，广为当时知识分子认同的，仍旧集中于"采西学"等方面。

除了吴云、赵烈文对《校邠庐抗议》一书有所评价外，不少知识分子亦对此书中所述内容提出了自己的观点。如曾国藩幕僚张文虎认为书中所提出的不少改革建议，切中时政弊端，但是否能获得推行，则需商榷。曾任陕西布政使的林寿图，读罢该书后，认为冯桂芬乃当世之通儒，其视野广度、思想深度均强于魏源。林寿图认为，即便文章中的改革举措，未能在当世实施，也不影响这本书在历史上的地位。光绪十年，时任江西学政的陈宝琛为《校邠庐抗议》一书作序，充分肯定该书价值，认为可以与贾谊的《治安策》相提并论。在这篇序言中，陈宝琛这样评述："议凡四十篇，大旨明法以善，世求行法，非求变法，其有变者，必其有以行者矣。"陈宝琛眼界甚高，不轻易表扬别人，他对《校邠庐抗议》一书有如此高的评价，证明了该书在当时确实获得了思想界的好评。

清末著名改良思想家王韬在读罢《校邠庐抗议》一书后，为该书作跋，认为此书为旷世之作，无人能及。他评价冯桂芬对时弊的思考，"深明世故，洞浊物情，补偏救弊，能痛抉其症结所在。不泥于先法，不胶于成见，准古酌今，舍短取长，知西学之可行，不惜仿效；知中法之已敝，不惮变更。事事皆折衷至当，绝无虚骄之气行其间，坐而言者可起而行。"此段评语评价甚高，全面肯定了冯桂芬在书中所提的改革之法，并认为此法完全可以在当世推行。

然而真正使《校邠庐抗议》为社会所认识、学习，当属光绪二十四年，光绪帝下令将该书刊印一千份，要求朝野大臣传阅学习，并强调须在每篇前后签注自己的观点、意见，同时对该篇给予评论。

光绪帝之所以会在这个时候选择刊印该书，让群臣们学习、评论，其背后的原因是多方面的。早在光绪十五年（1889）的时候，帝师翁同龢与孙家鼐就向光绪帝推荐过这本著作。翁同龢（1830~1904），字叔平，号松禅，别号天放闲人，晚号瓶庵居士，江苏常熟人。道光二十五年（1845）中秀才；咸丰二年（1852）应顺天府乡试中举人；咸丰六年殿试一甲一名，年仅二十六岁就高中状元，可见其天资聪颖、秉性好学。咸丰七年授翰林院编修，后被破格提拔为乡试副考官，先后典试山西、陕西。同治四年（1865），成为同治帝老师；光绪元年（1875），又成为光绪帝老师。他与光绪帝结缘二十余年，是我国历史上著名的帝师，亦是晚清政坛著名政治家、教育家。孙家鼐（1827~1909），字燮臣，号蛰生、容卿、澹静老人，安徽寿州（今寿县）人。咸丰九年殿试中一甲一名，后授翰林院修纂一职。先后出任湖北学政、入值上书房、毓庆宫行走与翁同龢同为光绪帝老师，又任工部侍郎、工部尚书、顺天府尹等职。光绪帝推行新政期间，命其出任吏部尚书同时主持筹办京师大学堂一事，后为第一任管学大臣。

翁同龢对光绪帝影响较深。光绪帝听从翁同龢的建议，通读全书，并选出其中六篇，请翁同龢过目。翁同龢认为这是光绪帝关心洋务，有意改制的征兆，因此倍感欣慰。孙家鼐也向光绪帝推荐了该书和汤寿潜的《危言》、郑观应的《盛世危言》，期望皇帝能在阅读这些书籍后，采纳书中改制良方。同时，孙家鼐还建议光绪帝，可以将这三本书印刷分发给群臣阅读、讨论，这样一方面可以为变法改制制造良好的舆论背景，另一方面也可以通过大臣们对书籍的阅读、评论，考察大臣们的学识、见解，一举两得。光绪帝采纳了孙家鼐的建议。

从现存史料来看，当时不少大臣在通读这部著作后，对其给予了较高的评价。如内阁学士阔普通武认为全书最精彩的观点即"法苟不善，虽古先吾斥之；法苟善，虽蛮貊吾师之"一语。他认为冯桂芬的这一观点与当时维新思想高涨相吻合，并且也合乎穷则变、变则通的变革主旨。此外，御史黄均隆认为冯桂芬在用人改革方面的考察，较为可行，倘若贯彻此项改革措施，国内徇私舞弊、收受贿赂的情况将被根除。当然，朝野之中对于此书的意见也并非一味肯定，有不少保守大臣就认为此书言论偏激，推行可能性不大，全力反对变革。如左副都御史徐承煜就认为冯桂芬提倡的"荐举之权，宜用众不用独，用下不用上"的观点，实属荒谬。在他看来选择贤能之人，应当慎之又慎，不该将这项推举权利交给下层民众。

在这些对该书的签注、评论中，有一人的评注最为引人注目，这就是当时翰林院编修陈鼎的签注。陈鼎思想较为先进，痛恨当时官场种种陈规弊习，因此他大力肯定冯桂芬在该书中的一系列改革主张，在签注、评论该书时也格外认真。陈鼎在认真阅读了《校邠庐抗议》书中所有文章后，对冯所提出的问题都进行了思考。他对其中部分篇章的批注、评论，比冯的原文还要详尽。最终陈鼎将他批注《校邠庐抗议》一书的文章汇编成册，命名为《〈校邠庐抗议〉别论》。在这本书中，陈鼎高度评价冯氏《校邠庐抗议》一书为"诚百世不刊之论，发聋振聩之说！"在他看来虽然全书中所有改革建议，能最终获得推行的估计不到半数，但这并不影响该书的历史影响。其中，他高度肯定冯桂芬所提制洋器、采西学、设立翻译公所等改革观点。同时他也指出冯桂芬在"公黜陟"方面的改革内容，将给社会带来不安定因素。通观陈鼎对冯氏著作的全部签注、评论，可以认定他是当时最认真研究了该书的人。可惜他的命运也因为签注、评论此书，遇到了极大的转折。戊戌政变后，他竟因签注此书，获罪于当政者。除了被罢除官职外，且必须永远待在省内，不得与地方各路人士往来交际。

第6章

为学与为人

兴趣广博

冯桂芬一生兴趣广泛，治学范围并不局限于经世致用之学，他在小学、数学、天文学等方面的研究成果也获得了学界的认同。

所谓"小学"，可以被称为语言文字学。古代学子初入学堂，先生首先讲授"六书"，因此不少人将研究文字训诂音韵之学称为小学。虽然说道光年间讲求微言大义的今文经学掀起新的思潮，但受乾嘉考据学余绪的影响，晚清学坛各种学术共同体并存，考据学作为一种研究方法，获得不少学者的肯定、认可。学者们在扎实的小学研究基础上，逐渐开展其他各方面的研究工作。

冯桂芬最初在正谊书院读书时，跟随书院山长朱兰坡先生学习。朱兰坡在研究《说文解字》方面造诣较高，编有《说文假借义证》等书。受朱兰坡影响，冯桂芬在少年求学之时打下了良好的小学研究基础。成年后，他曾尝试编写《本字考》一书，可惜因为资料匮乏而作罢。后又在同乡顾瑞清、江宁龚丙孙处觅得影宋本的徐楚金《说文韵谱》一书，大喜过望，拟为该书作校勘记，可惜书稿在太平天国战乱时遗失，导致编纂工作未能完成。

晚年时期，他编成了《说文解字段注考证》，是其小学方面的重大成就。早前，段玉裁所注的《说文解字》在学界享有盛誉，但在冯桂芬看来，这本书还有些地方存在瑕疵，于是撰写《说文解字段注考证》修改、补足段注本的不足。书稿完成之时，冯桂芬并未立即将其付梓出版，而是藏于家中，直到1928年在其曾孙冯泽涵的推动下才得以问世。该书各卷顺序与段注相同，熊月之教授在《冯桂芬评传》一书中，认为其学术成就主要表现在厘清版本、阐明出处、补足删文、分隔段落四个方面。

第一，详细考订《段注》一书中所有引书版本，厘清大小徐本。这里所提到的"大小徐本"主要指《说文》一书流传过程中的不同版本。许慎的《说文解字》在东汉写成之时，主要以写本流传于世。至唐肃宗乾元年间（756~762），赵郡人李阳冰刊定《说文解字》三十卷，随意篡改许慎文字，使得许慎《说文》一书不复当初的原貌。南唐时期，广陵人徐锴作《说文解字系传》一书，大力宣扬许慎原书，反对李阳冰所刊定的版本，后来世人将徐锴本称为"小徐本"，这也是《说文解字》第一个注释本。宋太宗雍熙三年（986），徐锴之兄徐铉等人奉诏校订《说文解字》，纠正了一些脱误，同时增加了四百余个被其他典籍所收录而许慎未收录的字，此后徐铉所修订的《说文解字》被称为"大徐本"。清中期段玉裁所注的《说文解字》，主要依据的是"大徐本"中所录材料，间接补足引用"小徐本"材料，同时还引了一些并不属于"大小徐本"的材料，但是并未一一注明。鉴于这样，冯桂芬对于全书中各条材料的来源进行了仔细的梳理，一一予以考订、补注。例如，文中出现"此从锴"字样，则说明段玉裁注本此处的文字，来源于"小徐本"，而若出现"此从铉"的字样，则说明此处文字来源于"大徐本"。

第二，详细考察并注明《说文》段注本中所有引证材料的出处，丰富段注的释文材料。段玉裁在注《说文解字》时，并未详细标明自己所引文章的卷数、篇名。为了让后代学子能更清楚地掌握各卷引文出处，冯桂芬决定补足段注本的这一不足。例如，卷三上有"讷"字，段注标明"讷"出于"君子欲讷于言而敏于行"一语，但是对于该句出于哪本书哪一篇则并未标注。冯桂芬在《考证》中，补注段玉裁此处释文出自《论语》的《里仁》篇。除了补足引文材料出处外，冯桂芬同时还对段注证据不足之处进行补充。如关于"豸"字，段玉裁引《上林赋》《西京赋》等出处，冯桂芬则补《左传》《方言》等书中所出现的"豸"字的使用详细情况。

第三，对于段注本所引材料中删节、窜改之处分别予以订正。段玉裁注的《说文解字》虽然在当时学界得到了极大的认同，但是冯桂芬仍认为段注引证别书时，间有删节、窜改，这在他看来并不妥当，因此他对这些删改之处一一订正。比如，卷十三上"厘"字，段注为：罗氏愿曰，《月令》，九月雀入大水为蛤，十月雉入大水为蜃。冯桂芬在《考证》中指出，罗愿这段话出于《尔雅翼》卷三十一释鱼四，其原文是"雀入淮为蛤，雉入海为蜃"，罗氏此语的出处是《夏小正》，而在《夏小正》中"淮""海"二字因为传写有误，段玉裁在引注此段文献时，不但没有改正讹误之处，反而在此错误基础上进行强改，使得引文一错再错。对于此处讹误，冯桂芬在《考证》一

106

书中列出其所依据的文献资料，包括《礼记》《国语》等，证明"雀入淮为蛤，雉入海为蜃"的出典。

第五，给段注本标点符号，划分段落。段注《说文解字》在征引其余材料时忘记在结尾处加终止符号，以表明征引结束，这常导致读者无法分辨哪段是征引材料，哪段属于段玉裁自注。为了解决这一问题，冯桂芬在作《考证》一书时，在段注文字和段引注材料间插入间隔符号，以厘清文序。

因考据学在清中期学坛执牛耳，清代小学研究极盛。其中，《说文》研究成果相当丰富，毕沅、姚文田、严可均、钱大昕、薛传均、钮匪石、徐谢山、王绍兰、桂馥、王巧、朱骏声等学者均在《说文》研究方面作出了重要的成果。冯桂芬的说文研究成果能在这些学界翘楚中脱颖而出，确实是一件很不容易的事情。这一方面与少时在朱兰坡先生的指导下认真苦读，打下扎实的基本功有关，另一方面也与其成年后不留恋官场，常闭门谢客日日读书相关。正是在这动荡、纷乱的社会环境里，仍保持一颗平静、淡然的心，才使得冯桂芬能在《说文》这门枯燥、艰深的学问中，取得一定的成果。冯氏对《说文》的研究，上承其师朱兰坡之余脉，下启正谊学生吴大澂、叶昌炽的研究，吴、叶二人在《说文》研究中均作出了丰硕的理论成果。

冯桂芬除了在《说文》研究方面颇有造诣，同时对数学、天文学研究较有兴趣。他曾向当时江南数学名家李锐求学，在求学过程中与李锐共同编写了《弧矢算术细草图解》一书。这本冯、李二人合著的《图解》，其实是对李锐《弧矢算术细草》一书的绘图解释。该书成于道光十九年，书中囊括矢弧求径、矢弧求弦、弦径求矢等计算图示，同时附有开平方式、开立方式，是一本关于平面几何学的图解著作。

冯除了跟随李锐学习几何学知识外，还对微积分有一定的了解。晚明传教士入我国传教，为中国带来了几何学知识，可惜雍正时期禁止传教，西方数学知识的传入戛然而止。至晚清时期，伴随着国门的再度打开，微积分在此时进入我国。据研究表明，微积分最初传入我国是因《代微积拾级》一书，该书进入中国的时间大约在咸丰九年（1859）。然而，当时的知识分子少有关注微积分知识的，哪怕是著名的算学家也对此知识颇不在意，微积分、解析几何、代数学等知识在传入中国之初发展较为坎坷。然而，冯桂芬作为一名儒家知识分子，在微积分传入我国的最初阶段，就对其有一定的认识和研究，可见他对西学接受程度较高。

　　冯桂芬在阅读了《代微积拾级》一书后，与好友陈子瑈合著了《西算新法直解》一书，该书主要目的是使读者更好地理解《代微积拾级》。冯桂芬在《西算新法直解》一书中，对不少微积分的译名如系数、函数、椭圆、常数、微分、积分等展开了介绍，这些成果日后被我国数学家所接受并沿用下来。从这个意义上讲，《西算新法直解》为现代数学在中国的普及起到了重要的推动作用。

　　冯桂芬除了对平面几何、微积分研究作了一定的科普、推广工作外，还在天文学研究方面颇有建树。综观冯氏天文学研究成果，我们有理由相信，冯桂芬的知识不仅仅是初学者的水平，而应该是形成了一定的知识体系。冯桂芬与天文学结缘，与其早年在家乡读书有关。明清时期江浙地区聚集了大批文人雅士，这些学者定居此处同时开馆授业，带动两江地区教育文化的发展。冯桂芬早年读书之时，在江阴结识了著名的天文学家李兆洛。李兆洛（1769~1841），字申耆，晚号养一老人，江苏武进人。嘉庆进士，先后出任翰林院庶吉士、凤台知县等职。任知县间，兴办教育，建立书院，获得地方百姓一致好评。因父去世，返籍丁忧守制，此后再未踏入官场。居江阴期间，主讲江阴书院二十余年，培养众多人才。李兆洛治学范围较广，涉及音韵、舆地、历算、文学、考据等，是嘉道时期江南地区著名学者。家中藏书多达五万余卷，其书阁被称为"养一斋""辈学斋""东读书斋""御香书屋"等。

冯桂芬旅居江阴期间，曾仰慕李兆洛学问，向其请教天文学知识。在问学期间，李兆洛门人钱维樾所绘《道光甲午岁差赤道恒星图》因战乱原因有所损坏，冯桂芬亲自出面将此图版修订一新。整个修订过程中，冯桂芬依据的便是当时通行的《钦定仪象考成续编》中相关天文仪象记载。能根据书中所记载天文仪象的变化记录，来推算各赤道恒星图变化规律与位置，可见冯桂芬对天文知识的了解是非常全面系统的。

此外，冯桂芬对于堪舆、占卜之学也有研究。他父母去世后，坟墓位置都由冯桂芬来选定。咸丰十一年，冯桂芬避居上海期间，闲暇之余还特意为上海的运势占了一卦。可见其兴趣之广博，治学范围并未苑囿于儒家经书之中，将学术局限于狭小的书斋里。

作为晚清著名学者，冯桂芬治学成绩不仅体现在文字学、数学、天文学、堪舆等方面，其文学造诣亦非常高。作为成长于吴地的著名学者，冯桂芬的文学创作在一定程度上受到"桐城派"的影响。"桐城派"为我国清代文坛最大、影响最深的散文流派，又称"桐城古文派"。"桐城派"传延时间较长，影响范围波及全国大部分地区，不少学者服膺于"桐城派"的文论理念。学派发展鼎盛时期，全国私淑"桐城三祖"——方苞、刘大櫆、姚鼐的学者多达千人，成为清代影响最大的文学流派，主盟文坛二百余年，影响波及近代。

作为当时竭力接纳西方知识的饱学之士，冯桂芬治学从不固守藩篱，在文学创作理念上同样亦含有革新精神。"桐城派"自康熙朝兴起以来到鸦片战争以后已经日渐式微，在这样的时代背景下，冯桂芬主张突破"桐城义法"，在前人基础上开拓出新的文风。他指出"长于经济者，论事之文必佳，宣公奏议，未必不胜韩、柳；长于考据者，论古之文必佳，贵与《考》序，未必不胜欧、苏"，这句话即表达了他欲打破被"桐城派"奉为圭臬的韩、柳、欧、苏的"文统"，促使"桐城义法"不再拘泥于道、文统一，而是在新时期开出新内容、新气象、新篇章。

另外，冯桂芬在经学、史学、书法方面也有很深的造诣，总之，冯桂芬作为清末少有的饱学之士，在其所涉猎的领域取得的成就是令人称颂的。

善于治生

明代中晚期，随着江南地区工商业的悄然兴起，传统"贱商"观念在此时发生了转变。晚明著名学者王阳明在为官期间，深切地体会到了商业经济的发展对整个社会经济的促进作用，因此在一定程度上肯定商人职业的正当性，抬高商人的社会地位。在王阳明肯定商人职业对社会所作出的贡献后，其后学王艮继续发扬他的观点，改造带有一定社会等级秩序的"四民观"，提倡四民职业平等。而陈确则提出"治生"的观点，认为学者只有在获得独立生存能力的基础上，才能获得独立人格，继续治学。陈确如此强调"治生"，一方面为"治生"观点的合理性提供了更有力的理论依据，另一方面也力图唤醒知识分子的独立精神与主体意识，促使士人更好地参与社会生活之中，全面实现个人的价值。此后，晚明学者逐渐接受了这一观点，不少人认为学者在"治生"完成后才能更好地"治学"。

到清代，"治生"的观点已普遍为当时学者所接受，原因是此一时期学者的经济状况普遍堪忧。对当时学者而言，治学前必须解决生计问题才能安心读书。嘉道时期沈垚提出，学者只有在基本生活保持独立自足的状况下，才可以维持人格与尊严。总之，明清之际学者们对提高商人地位的讨论，对"治生"的接受与倡导，都是当时的流行风气。冯桂芬出生于商贾世家，又生活于这一时代，必受此种风气的影响。

冯桂芬自幼家境良好，虽然少年时期父亲经营的当铺，经历了数次火灾，对家庭经济造成一定的影响，但冯家一直做的是典当行生意，总体收入颇丰。在冯桂芬自传《五十自讼文》中，他对家产的描述是"承先人遗业，薄田十顷"。根据光绪初年苏州府登记在册田地分配情况来看，普通农民每户平均仅有十亩田地，能拥有十顷田地已经可以列为"地主"，可见冯桂芬一生即便赋闲在家也能过着衣食无忧的生活。

除了从父辈处继承丰厚家产外，冯桂芬还善于"治生"以创造财富。在这一点上，他继承了其父亲善于经营的才华。他创造财富的主要途径有三种：其一，家中田租；其二，为官俸禄；其三，润笔酬劳。

冯桂芬三十二岁考中进士，授翰林院编修一职，此后又出任教习庶吉士等职位。可惜他在京为官岁月不长，且所做的官职大都是没有油水的闲职，因此官俸收入并不多，主要经济来源还是在于田租和润笔费用。其祖上传下的十顷田地，每年能给他带来一笔丰厚的收入。同时，冯桂芬青年即中进士，翰林院任职时间较长，这使得他在文界声名较好，不少人请他撰写寿序、墓志铭、家传等文章，润笔这项的收入也是不少的。据现今复旦大学图书馆所藏《显志堂楹联》可知，册内手书均为冯桂芬作品，共计八百多副楹联，多为替人撰写。可推知他当年的润笔收入是十分可观的。

冯桂芬虽然善于经营，一生过着较为富裕、不愁衣食的生活，但是他并不贪财，生活中比较节俭，从不铺张浪费。虽然家境富裕，但终身未纳妾，与结发妻子黄氏相守相伴。即便在黄氏去世以后，他也没有续弦，可见与黄氏感情深厚，一生恬淡自守。

除了在生活上节俭自居、淡泊度日外，冯桂芬多将"治生"所获得的钱捐于家乡教育、福利等事业中。如晚年主讲正谊书院时，冯桂芬就给予书院里天资聪颖但家境贫寒的学子一定的资助，或免除其学费，或资助其日常生活用度。除了在生活上关心这些贫寒学子的日常开销外，他还非常用心关注学子们的学习成长，对于学生的课艺作业，均用心批改，并选择优秀作品汇编成册，刊行出版。

同时，冯亦对家乡的福利事业，作出了较大贡献。咸丰九年中秋后，冯桂芬因均赋一事遭人弹劾而决意离开官场，他变卖了京城家中所有物品，携子返回苏州旧宅。然而返乡安顿好后不久，起义军将战火烧到了苏州城外，为了保证家人安全，冯举家迁往苏州城西南面的光福县。在避居光福的时期，不少苏州百姓跑到了光福县边的冲山岛上，使得短时期内冲山上贫民、饥民尤多，为地方安定带来了困扰。作为地方著名士绅，冯桂芬应觉阿上人（冯桂芬童年朋友，后出家为僧）的邀请，共同筹建了义仓，储备赈济贫民的粮食。到了战乱后期，饥民越来越多，义仓的粮食已经不足以供给冲山居民的生活，冯桂芬四处奔走筹措米、钱以维持义仓运转。

冯桂芬从父辈那里继承了丰厚的家业，同时也传承了父辈们善于营生的技能，一生善于"治生"，也从未为生计发愁。无论是青年在京为官、中年守制在籍、晚年返乡定居，人生的各阶段里冯桂芬都一贯保持着简朴、恬淡的生活方式。他将一生中大量精力奉献于家乡的教育和公益事业，努力在生活中维护地方百姓的安定生活。

第 7 章

冯桂芬思想浅析

经世派健将

冯桂芬作为晚清知识界的重要人物，其所提倡"以中国之名教伦常为原本，辅之以诸国富强之术"的观点，为洋务派所高度认同，并将其作为洋务运动的核心观念。他对东西方文化、制度的涵化、改造，创发性地提出了一整套改良思想，开启近代"中体西用"思想的滥觞，由此冯桂芬在晚清思想史上占据重要的地位。然而其思想的形成并非无源之水，仔细分析他一生拜师、为幕、为官、交友等一系列人际交往，可见其与经世派学者、官员过从甚密，他们对冯桂芬思想形成有着深刻的影响。在探讨冯桂芬思想特色前，先简略介绍下晚清经世致用思想的抬头与复兴。

清王朝起源于东北地区，趁着明末中原地区一片内乱，与吴三桂等军事势力相勾结，趁机挥师南下，扑灭南明政权，扫除农民起义余部，最终建立起中国最后一个封建王朝。在清政权建立之初，统治者采取了一系列措施稳固统治，加强中央集权，消除地方藩镇势利的威胁。在平定内乱后，统治者开始采取一系列鼓励经济发展、减免税收的政策，希望尽快恢复农业生产，促使国内经济运行步入良性循环。

作为最后一个封建王朝，清王朝在建立之初吸取历代政权覆灭的教训，加强地方控制，大力发展经济。在建立最初的一个多世纪中，国内经济总产值与粮食产量早已大大超出历史上任何一个封建王朝。据相关数据显示，乾隆末年中国已经能生产足够养活近三亿人的粮食，对外贸易产值居历朝历代最高点。同时，历经康雍乾三朝的努力，平定西南内乱；收复台湾；歼灭漠北、新疆地区的分裂势力；在东北与俄罗斯划清国界，遏制沙俄向东北扩张的势头，国家在此一时期呈现出前所未有的统一局面。在大清国力鼎盛、四海之内物产丰饶时期，文化也进入繁盛发展时期。乾隆帝下令集中全国之力，修纂历史上最为庞大的丛书——《四库全书》，同时民间文学艺术也进入繁盛时期。

然而清王朝仍旧是封建王朝，无法摆脱治乱兴衰的循环。因为是由少数民族建立最高政权的王朝，整个执政集团在处理民族问题、官员任免等方面存在着深刻的矛盾。随着历史的发展，至嘉庆时期国内已矛盾重重：土地兼并加剧导致大批流民产生；满汉分治使得地方矛盾重重；吏治腐败造成赋税连年上涨，百姓叫苦不迭；军队腐朽装备废弛导致边疆危机频发；严苛的文字狱让整个士林一片沉闷。腐蚀国民身心的鸦片终于撬开紧闭多年的国门，这一切危机终于引来了19世纪初叶国内大动乱的爆发。

为了平复国内外危机，嘉庆帝启用大批汉族官员来组织地方民间武装，帮助朝廷剿灭叛乱。在这场平息国内动荡的战争中，满汉官员一起联手，这使得统治阶层减少了对汉族地主的猜忌。此后，统治者开始大力提拔汉族官员助其维持政权统治，整个统治集团中满汉权利分配逐渐产生变化。自道光帝登基以来，数次提拔汉族官员为封疆大吏，如著名政治家林则徐、陶澍等人，均出任过经济发达、物产富饶的两江、两广地区总督职位。整个清朝统治集团内部的这一变化，使沉闷已久的思想界产生些许松动，知识分子开始对时政朝纲展开评论，晚清经世致用思潮正是在这样的历史背景下产生的。随着经世致用思潮的抬头，国内涌现出一大批倡导经世之学的学者、官员，包括林则徐、陶澍、魏源、包世臣、贺长龄等人。其中林则徐、陶澍、贺长龄等均曾任职于两江地区，两江流域遂聚集了一大批讲求经世致用思想的官员学者。

冯桂芬出生之时，正是经世思潮萌发之际，数任经世派官员掌管两江地区教育、民生。他在进入正谊书院不久，即获林则徐赏识邀其入府读书，获得一时无两之誉；中举后又入陶澍府充当幕友，可见其青年之时就已获得不少经世派官员的赏识。他一生中多与经世派学者有所往来，如陈庆镛、张穆、姚莹、魏源、潘曾玮等人，冯桂芬与经世派渊源颇深，其经世致用思想的形成与所处时代、交往人员有密切的联系。

然而亲历道、咸、同三朝的冯桂芬的经世致用思想与其他经世派成员略有不同。嘉庆、道光时期讲求经世致用思想的学者，多从边疆舆地研究入手，希望通过边疆研究，促使国人重视疆域沿革、邻国风俗、各国宗教等内容，以避免因无知所引起的边疆纷争。早期经世派官员、学者纷纷著书立说，带动边疆舆地研究的兴盛，如林则徐、魏源、姚莹等皆有相关著作。

其中，早期经世派重要成员魏源撰有《海国图志》。这本书是在林则徐《四洲志》基础上扩充完成的，是当时介绍西方地理最翔实的著作，其中"海国"当指"海外之国"。在这本书的开篇，魏源即道出了自己作此书的目的："是书何以作？曰：为以夷攻夷而作，为以夷款夷而作，为师夷长技以制夷而作。"这即表明，他写书的目的是为了让国人了解"夷情"，介绍、学习"长技"，抵御外国入侵。全书系统地介绍了西方各国的地理、历史、政治、科技等内容，书中所记世界各国气候、物产、风土人情、宗教信仰均超过了前人著述，此书在后世被赞为我国研究世界史地的"开山"之作。该书的出版在当时引起了不小的反响，因为书中所记叙的不少内容曾是被国人视为"奇技淫巧"的西方文化、科技。魏源在此时专门撰文介绍西方文化、科技，就是希望国人能正视这些先进科技，最终做到"善师四夷者，能制四夷"。同时，这本划时代的历史地理著作，打破了国人传统"九州八荒""天圆地方""天朝中心"的史地观，扭转了以往唯我独尊的心态，书中所载的八十余幅世界各国地图，绘制出五大洲、四大洋的位置，为国人打开了看世界的大门。

《海国图志》的出版推动了经世致用思潮的发展，虽然不少人仍对学习西方保持警惕甚至敌视的态度，但书中所介绍的西方先进科技在此时进入国人的视野，为国内思想界带来一阵新风。而此后十年间经世思想的发展，则沿着是否向西方学习科学技术这一论题展开讨论。

作为咸、同时期著名经世派学者，冯桂芬的经世思想又与魏源有一定的区别。仔细分析冯桂芬生平经历与其文稿中所透射出的经世精神，可以发现其经世思想既有对前人的深刻继承，亦有极大的创造性阐发。这一特色与他所处的时代有紧密联系，也与其人生经历息息相关。

冯桂芬出身于吴地一个地主世家，自小受到正规的儒家教育，进入书院读书后，更有幸为当时出任江苏学政的林则徐所赏识。在拜林则徐为师，入林府读书的岁月里，冯桂芬一方面耳濡目染了林则徐办差时所透射出的经世思想，同时也结识了一批经世学人，这为其日后提出不少经世思想打下了良好的基础。在考中进士前，冯桂芬曾在三位总督、巡抚幕下为僚，积累了丰富的办差经验。当时的两江地区，因数任地方长官均是经世派成员，故而聚集了大批经世派学者，冯桂芬在为幕期间，就曾与姚莹、魏源有所交往，这都是影响他思想形成的重要因素。

在分析冯桂芬年谱后，可以发现其整个政治生活主要集中在四十到五十五岁之间（道光二十八年至同治二年）。在这一段时期内，国内政治局势急剧动荡，外敌骚扰已从海防边疆扩展到内陆地区，国内农民起义战火蔓延整个长江流域，百姓处于流离失所、动荡不安的恐慌状态中。两次鸦片战争的失败带来国内政局的连环反应，知识分子开始对日渐没落的封建政体产生怀疑，他们开始思考国家的出路在何处。然而此一时期旧的思想体系尚未瓦解，新思想虽出现但未获得普遍认同，新旧思想错综复杂地交织在一起，《校邠庐抗议》正是在这一时期产生的。

《校邠庐抗议》写于冯桂芬举家迁居上海避难的数年间，这一时期他对西方思想有了较为全面、直观的体会与认识，这为其后来创发性提出"自强攘夷"的变革思想，提供了理论依据。加之冯氏一生治学范围广博，少年读书之时，就对西学中的数学、天文学有极大的兴趣。广博的治学兴趣加之亲历上海与西人生活直接接触，促使冯桂芬成为当时主动吸纳西学的知识分子，并在反思西学后对时政提出一系列改良方案。

冯桂芬的思想既有早年读书、参政时所积累的"经世致用"内容，同时也有在此基础上积极吸纳的西方文化、科学、制度等内容，还有其力图运用西学思想对现有国内问题进行改良的内容。他的思想既是对前辈学者林则徐、魏源等"经世派"的继承，亦下启曾国藩、李鸿章等"洋务派"以及王韬、郑观应等"改良派"，成为晚清思想史变迁中的重要环节，推动了经世思潮发展。

冯桂芬的经世思想具有鲜明的时代特色与个人特点，他在《校邠庐抗议》一书中提出了一系列的改良方案。这些方案主要可以归结为"复古法""采西学"两类。

首先，冯桂芬在《抗议》一书中有大量篇幅论述"复古法"，并主要从陈诗、取士、农作、乡治、吏治等方面展开分析，论证圣人之法的益处。如他认为，可恢复"圣人悬盗建铎，庶人传语之法"，以改变当世君民相隔，民情隐曲无法上达的弊端；又如他主张恢复"沟恤之法"，以改变先进"水利塞，稻田少，民受饥"的境况；再如他倡导在底层农村推行选举之法，改善科举制度以网罗天下有用之才。值得注意的是，他在论述自己的一系列观点时，多引先秦儒家思想家言论作为论据，为其改良披上了一层复古的外衣。

然而冯桂芬的"复古法"，并非一味地照搬照抄三代之法，而是选择性地对古法进行筛选改造，使其适应当世社会问题。正如他所言"古法有易复，有难复，……去其不当者，用其当复者"，可见他的"复古法"是有所选择的"复古"。例如，已在中国封建社会推行近千年的科举制度，一直是历朝历代取士的最佳途径，也是传统文化的重要组成部分。虽然说科举考试有其弊端，历代文人均对其有所批判，也包括冯桂芬自己。但是他并没有全盘否认科举制度的价值，而是对其进行一系列适应时势的改造，如改革考试场次，改变考试内容，增加新的取士科目，等等。冯桂芬的这一套"复古法"的改良方略，其实都经过精心筛选和改造，以适应时代之需，衡量古法是否可用的唯一标准即"必有验于今"。正是这种关注当下，注重"经世致用"的思考方式，使得他对于西学中有益于国富民强的内容亦有所采纳。

最先提出"采西学"的并非冯桂芬，早在第一次鸦片战争前后林则徐、魏源均对此有所论述，然而当时的清廷统治者与士大夫，都不愿意正视西方国家的先进之处，仍旧沉浸于天朝大国的美梦之中。随着历史的发展，对外战争的屡次失败，租界的开辟，使得国人有更多渠道接触西方世界，冯桂芬也正是在避居上海期间对西学有了深刻认识。他指出19世纪的东西方已有巨大差距，而且这差距并不仅体现在科学技术方面，还涉及制度、经济、文化等诸多领域，因此冯桂芬继续提出"鉴诸国"的观点，倡导国人放弃天朝大国的观念，以平等开放的心态看待各国。

在书中他这样论述"鉴诸国"的观点："愚以为在今日，又宜曰鉴诸国。诸国同时并域，独能自致富强，岂非相类而易行之尤大彰明较著者?"在冯氏看来，世界上并非只有清朝一个国家，遥远的西方文明在与东方文明碰撞之前，早已独自存在千年，并发展出了一套较为完备、先进的文化理念、社会制度。既然各文明在独自生长、发展的过程中，能形成带领国家走向富强的制度，那就说明这套制度有借鉴学习的价值，不需要考虑是否与清朝现有制度相类或易行，才决定是否学习。由此可见，冯桂芬对于西学的认识是非常客观的，毫无任何前见在心中。在他看来西方社会发展稳定、国富兵强，即说明这套制度有其存在的理由，可以学习并运用于当下中国。冯氏此时所提出的"鉴诸国"早已经超越前人魏源的"师夷长技以制夷"的观点。魏源提出"师夷长技以制夷"是从解决边疆外交危机出发，他仅承认西方列强有"长技"，认为中国只要把列强的"长技"学到手，就一定能打败侵略者。可见，第一次鸦片战争后的知识分子，对西方的认识只限于"船坚炮利"。而冯桂芬的"鉴诸国"则是完全站在客观分析研究的基础上，倡导平等接受西学中的各个强项，这已比魏源思想进步了许多。

然而仅提倡"鉴诸国"并不能打破国内已有的西学成见，为了更好推行向西方学习的观点，冯桂芬继续提出"师蛮貊"，批判传统"华夏狄夷"观念。"师蛮貊"语出《校邠庐抗议·收贫民议》，原文为："法苟不善，虽圣人吾弃之；法苟善，虽蛮貊吾师之。"他将圣人与蛮貊相比较，其衡量标准为善与不善，在当时的历史条件下，冯桂芬提出这样的观点在思想界引起了不小的震动。他主张如果圣人观点不适应当今社会的发展，则不应当拘泥固守，夷人之法若能使国家富强人民安定，也不应完全排斥在外。受传统"华夏狄夷"观念困扰着站在时代巨变关口的国人们，究竟如何看待以往被视为"狄夷"的西方文明，成为能否成功推行"鉴诸国"的关键问题。

"华夏狄夷"观念来源已久，早在周时就已出现夷夏对举的说法。例如与"夏"相对的有"狄""夷""蛮""戎""胡"等概念，并且这种概念对举已不再局限于对地域范围的划分、界定，而是被赋予文化种族、文明道德意涵。"华夏"成为文明、进化、道德的代名词，而"狄夷"则表示野蛮、未进化、无道德。孔子曾在《论语》中提到"夷狄之有君，不如诸夏之亡也"，成为后世强调"夷夏之辨"论据之一。汉代的《白虎通义》言："夷狄者，与中国绝域异俗，非中和气所生，非礼义所能化。"从先天角度判定"华夏""狄夷"之间的区别，将二者之间转变的可能性都取消了。此后这种思想一直延续宋元明清数朝，对后世文化产生了深远的影响。而由这种

"夷夏之辨"所延伸出的"严夷夏之防"观念，更是强化了国人"天朝上国"的思想，使得晚清国人不能正视西方思想文明中的进步因素。

冯桂芬为了打破国人心中"夷夏之辨"的观念，将圣人之言与西方制度并论，通过"善"与"不善"进行判断，大胆打破千百年来的"夷夏之防"观念，他的"师蛮貊"已远胜于其前辈学者从器物层面对西学的认可。在其看来只有在打破"夷夏之别"后，才能更好地继续推行"采西学""鉴诸国"的改良论。

关于如何"采西学""鉴诸国"，冯桂芬认为需要注意"用西人而不为西人所用"，即表明要从根本上学懂西学的精妙之处，而不能只学皮毛最终还是受制于对方，若最终能做到触类旁通、自造自用才算真正学到了西学。例如当时不少人提出的向西方购买现代船只与火炮，即可解决中西方军事差距，这一观点遭到冯桂芬的坚决反对，他认为若不能学到西洋造船之法甚至整个西洋制造工艺的精髓，都算不得真正的"采西学"，最终仍将受制于人。可见，冯桂芬的"采西学"观点倡导从方法上向西方学习，这也是其思想超越同时期思想家的原因之一。

冯桂芬既提出了"复古法""采西学"相配合救治时弊的改良方案，那么二者之间又是怎么样的一种关系呢，他认为应是"以中国之伦常名教为原本，辅以诸国富强之术"。冯桂芬试图将中国传统纲常伦理与西方富国强兵之术相结合，希望此举能带领中国走出屡战屡败的阴云。作为一直深受儒家文化浸染的知识分子，他对纲常伦理的态度是暧昧的，这种暧昧表现在他接触西方先进政治理念后所表现出的欣赏之情，同时亦补充认为其"不足为典"。因此，就不难理解冯氏为何如此强调伦常名教为"本"。常年儒家文化的熏染使其无法跳出伦常礼制的束缚，同时为了更好地在全国推行西学中"诸国富强之术"，使人们能在更大程度上接纳西学，必须通过"本""辅"之别将西学接纳进来，这样才有利于西学在国内的传播。这一论断产生后，一直为后辈学者所引用，开启"中体西用"论之滥觞，亦成为近代改良主义的基本思想，在近半个世纪的时光中，影响了一代中国人的思想。

冯桂芬也正是因为成功地将"复古法"与"采西学"融合于其思想体系中，针对大清所处情势提出了一套适于推广于当世的改良方案，涉及政治、外交、军事、经济、教育等诸多方面。这套改良方案中的部分内容后为洋务派、维新派所实现，推动晚清中国走向近代化。

冯桂芬对政治、外交改良的构想

在提出了"师蛮貊""鉴诸国""以中国之伦常名教为原本，辅以诸国富强之术"等观点后，冯桂芬开始从多个方面论述自己的社会改良思想。他的这些改良思想多是来自多年仕途生活中所总结出的经验，同时也吸纳了西方先进的制度理念，改良范围非常广泛，包括政治、外交、军事、经济等诸多方面。

其中，冯桂芬的政治改良思想非常丰富，主要涉及官吏选拔、管理与政治运作两部分。在官吏选拔、管理部分，冯桂芬从"广取士""汰冗官""公黜陟""厚养廉"四部分展开论述。

清廷一直认为自己的取士是公平公正的，选取士人全凭才德荐举，然而这种方法在冯桂芬看来有一定的问题。以往选取人才有考试和举荐两种方式，其中举荐的方式经常会导致"虚而无凭"，众人推荐难以有统一的举荐结果，这使得最后只能通过考试的方式进行定夺。清代虽然说仍然保留举荐和考试两种选士方式，但是取士渠道却比以往更窄，因为只有朝廷少数大员才有举荐资格，这就使朝廷所录用的不过是少数人视野中的"贤才"，无法网罗天下所有有用之才。同样，科举取士亦有弊端，历史上不少有才之士多年受困于科举之路，这说明单纯的考试仍无法网罗更多贤良。因此，冯桂芬提倡将科举与举荐相结合，在已有的科举考试基础上，多辟取士渠道。

为了广开渠道，冯桂芬设计了一套针对社会各阶层不同的取士方法。在京所有官员进行投票，分别从六部九卿中选取一人、詹翰院选取一人、外省知府选取一名，吏部统一合计票数，得票最多者将遇缺提奏。如果这种推举之法得以实现，则吏部和皇帝只能在程序上批准官员的举荐，而不能影响举荐结果，这其实是与封建君主专制相悖的设想。此外，地方的推举不是由现有在任官员来推举，而是由地方乡绅百姓来推举。百姓乡绅推举的结果，报由地方官员登记在册，而地方官员对于已选出的人才，只能删减不许增加，以杜绝官吏徇私舞弊。而对于整个社会最基层的县级官吏，冯桂芬则认为应当由地方百姓直接推举产生，而不是通过上级任命。并且在乡县官吏任职期间，当随时接受当地百姓监督，若政绩不佳则将被罢黜。

冯桂芬这套"广取士"的选贤政策，将科举制度与层级举荐相结合，尽一切可能网罗社会各级贤才，扩大取士途径。尤其是他对官员举荐方面的设想，受到了西方民主选举的影响，虽然他在文章中提到西学"不足以为典"，然其改良方案仍吸纳了西方制度中的先进因素。

"汰冗官"是冯桂芬对于日渐庞大的行政机构所作出的裁撤构想。冯桂芬认为，行政机构一旦饱和，就会多出很大一部分的财政负担，为了减轻这一负担，不少官员就会打起搜刮民脂民膏的主意。因此，为了更好地整顿吏治，他直言应对漕运、河务、詹事府等数机构进行整改裁汰。漕运在晚清时期，已逐渐被更为便捷的海运所替代，但漕运衙门却并没有因漕运的衰退而削减其机构办事人员的数量，大批通判、主簿、同知坐食皇粮，却不参与任何政务。同理，朝廷每年给河道修缮的拨款多达五百万两白银，但真正用于修理河道的不过百万两而已，其余大批费用流入私人腰包，整个部门的贪腐之风，为国家经济带来了极大的负担。因此，裁撤冗官在漕粮、河务两部门势在必行。而康熙晚年下令不再立太子后，东宫就已名存实亡，与东宫相配套的詹事府却一直存在，并一直领着朝廷薪俸。冯桂芬建议将詹事府并入翰林院，裁汰多余官员，以减少朝廷开支。

晚清时期"冗官"问题已为不少学者所注意，在冯桂芬提出"汰冗官"之前就有学者对这一议题有所思考，所以当冯桂芬《废冗员议》一文面世后，不少学者赞同其观点。其中，郑观应撰有《汰冗》一文，其文章主体部分思想均来自冯氏《废冗员议》一文。陈炽在《乡官》一文中，竭力肯定冯氏观点，但亦指出冯氏汰冗官方案略显温和，不足以解决冗官问题，他所设想的裁汰力度要大于冯桂芬的设想。在戊戌变法时期，光绪帝即下诏要求裁汰冗官，可见冯氏思想不仅深刻影响洋务运动，亦对近半世纪的晚清政治有着深远的影响。

"厚养廉"则是提倡大幅提高官吏薪酬待遇，以防止其因生活窘迫而以权谋私。清代各级官员普遍俸禄较低，哪怕是身居京城的一品大员也只能每年拿到大约一万两的俸禄，然而这笔薪俸完全无法支持一大家人在京城的日常开销和应酬。而那些身处无实权、无油水部分的官吏，一年的薪俸不过一千两上下，例如冯桂芬曾任职的翰林院薪俸即是此数。生性淡泊、不爱交际的冯桂芬，在面对京城高昂的生活支出时，都时常入不敷出，需要靠父亲当年经商积蓄贴补生活，可见清代官员俸禄普遍偏低。为了解决生活问题，不少官员不得已开始接受下级官员以各种理由送来的孝敬钱，这些钱多以别敬、炭敬、冰敬等名目送至官员府中。官员对待这些孝敬钱态度也并不一致，较为清廉的官员则会视情况而定，自律性较差的官员则一律接受，更有甚者广泛结交社会关系，与行贿人称兄道弟，以谋求更多的贿赂。这其中，有选择的受贿才能保证一年在京收支平衡，一律接受者能略有结余，而那些处于底层的小官吏则常年入不敷出，只得举债度日。

有感于官吏薪俸太低导致行贿、索贿屡禁不止，冯桂芬提出增加官吏收入以"养廉"。官员薪俸增加后，则要求加强吏治，一旦被查出有收受贿赂的行为，则一律处斩。而这笔多出来的"养廉"钱则来自于所裁撤的漕运、河工等部门。冯桂芬所提出的"厚养廉"的方案获得了一部分学者的认同，郑观应在《盛世危言》中就承续了他的观点，主张加薪养廉。

在讨论完官吏选拔和管理问题后，冯桂芬亦对政治运作设计展开探讨，涉及"复陈诗""复乡职""免回避"等内容。

冯桂芬在中西对比研究中，指出中国有六个方面"不如夷"，其中有一条就是"君民不隔不如夷"，这表明在当时中国，民意上传渠道出现了问题，于是他提倡恢复"陈诗"制度，重建朝野之间的沟通渠道。之所以选择以"陈诗"的形式重建君民沟通渠道，是因为冯桂芬认为诗歌具有"民风升降之龟鉴，政治张弛之本原也"的作用，民间诗歌反映了百姓生活中的种种烦恼疾苦。于是，他建议官吏广泛深入民间收集诗歌，使得君主可以及时了解民风。倘若民间诗歌受到皇帝的赏识，则负责采诗的祭酒、学政等官员将呈报作诗者姓名，诗歌作者将获得奖赏；若诗歌未能获得赏识，百姓也不会因此获罪。但是学政、祭酒如果隐瞒诗歌拒不上报，一经查出将被重罚。冯桂芬认为"复陈诗"的最大好处就是能够真实有效地向朝廷反映民情，因为此举"赏以动其奋兴，无罚以绝其顾忌，不显主名，使无业怨之虑，不讳姓名，使无告密之嫌"。"复陈诗"构想的最大特点即体现在"无罚""不记名"，这与近代文明所倡导的言论自由有一定相通之处，也反映了冯对思想解放的呼唤。

除了倡导通过"复陈诗"重建朝野之间沟通渠道外，冯桂芬还提出恢复乡职以维护基层社会的稳定。在冯桂芬看来一个社会"大官多者其世衰，小官多者其世盛"，若社会官员多去治理下层官员而不是管理百姓，那么这不符合社会发展的需要。因此他提倡恢复"乡职"，在县级行政单位下再设立乡职，以处理社会最基层的民间诉讼。他在《复乡职议》一文中这样谈论自己的构想："县留一丞或簿为副，驻城各图满百家公举一副董，满千家公举一正董，里中人各以片楮书姓名保举一人，交公所满汇核，择其得举最多者用之，皆以诸生以下为限，不为官，不立署，不设仪仗，以本地土神祠为公所。"县以下正、副董由乡民自己投票选出，听判公事全在乡间土祠完成。乡民诉讼先至副董处评判，若有不服者，可诉讼至正董处，一旦发现触犯刑法，则交由县衙处理。正、副董只是民间乡职，对于不涉犯罪的行为有评判权，但一旦涉刑都须由县衙处理。另外，正、副董也需要参与县乡政务，帮助承担通缉罪犯，催缴赋税等任务，但其职能范围仅限于催缴、通缉，不能代收和批捕。正、副董主要由选举产生，每三年乡县评选一次，对于政绩良好者，将获得举荐，而政绩不佳者，则会被罢黜。

冯桂芬"复乡职"的构想在很大程度上受顾炎武"分权"思想的影响。顾炎武在著名的《郡县论》一文中批评郡县制加强了君主集权，使得所有的权利都集中在君王一人之手，同时中央出台各种科条文簿以控制地方。为了解决中央集权问题，顾炎武提出著名的"寓封建之意于郡县之中"观点，提倡中央放权于地方，地方长官由百姓推举产生。冯桂芬设计由乡民投票选择正、副董，任期三年，工作优劣由乡民评判，这既是对顾炎武郡县思想的继承，也是进一步发展。其后学陈炽继承了冯桂芬的观点，在《乡官》一文中阐述了更完备的一套裁撤"冗官"、设立"乡职"的构想。可见，冯桂芬的政治体制改革设想在晚清思想史上具有承上启下的功能，一方面他接续了晚明遗老反思"明亡"后对千百年封建君主专制的批判，另一方面在新一轮西学冲击下，融贯中西制度，创发性地提出一系列政体改良设想，下启19世纪末叶的改良思潮。

最后，冯桂芬还对清朝一直执行的"回避"政策提出批评。清廷为了加强中央集权防止出现地方专权，在提拔地方官员时候，采取回避本省任职的方法，如湖南籍官员不得在湖南任职。"回避"政策并非古已有之，在汉、唐、宋时期官员任职，均可在本省出任行政职位。至明朝，为了加强中央控制权，朱元璋设立了一套官员任职南北调换的"籍贯回避"制度。洪武四年（1371），朱元璋下令吏部选调官吏时，执行南北更调，并将其定为常例。洪武十三年，朱元璋亲自将全国行政区域分为三块，使得此三块地区内官员互相调动，即"以北平、山西、陕西、河南、四川之人，用于浙江、江西、湖广、直隶；浙江、江西、湖广、直隶之人，用于北平、山东、山西、陕西、河南、四川；广东、广西、福建之人，亦用于山东、山西、陕西、河南、四川"。对于在任期考核不合格的官员，则一律谪贬至广东、广西、江西龙南、安远，湖广郴州等偏远之地任用，以示惩戒。明朝在如此大范围区域内进行官吏调动，所耗费的人力、物力可想而知。因此到了洪武二十六年，朝廷重新对"籍贯回避"作出界定，认定除学官外，其余官员一律回避在籍任职。这种"籍贯回避"制度，在一定程度上有效地割断了官员与地方宗族势力的勾结，加强了朝廷对地方的控制权。

对于这种延续百余年的"籍贯回避"制度，冯桂芬提出了自己的不同意见。在他看来大费周章调动官员到外省任职，浪费了大量人力、物力，同时，本省官员对于家乡有深厚的情感，对家乡的建设、管理会更为尽心，加上任职家乡会受到乡评的影响，这种影响远重要于一般舆评。因此，冯桂芬觉得"籍贯回避"制度增加了为官的成本，同时也加大了行政的难度。

在分析"籍贯回避"制度的弊端后，冯氏提出了自己关于官员任职调动的构想。既然"籍贯回避"制度设立的初衷，是为了防止地方大员与本省豪族相勾结而削弱中央在地方的影响。因此，他提倡地方府、州、县级各官员选择近籍处任职，无须完全执行"籍贯回避"，力争做到县丞任职不出省。这样既解决了"籍贯回避"所带来的行政资源浪费，同时也强化了地方官员的责任意识。

除了上述政治改良构想外，冯桂芬针对当时外交问题也提出了一套改良建议。

《校邠庐抗议》一书的撰写完成，很大程度上归因于冯桂芬避居上海的经历。客居上海的五年间，冯桂芬多次亲赴洋场（租界），感受西洋人的生活方式、制度。作为较早开放的口岸城市，上海是当时国内思想最活跃的城市，中西文明在这里碰撞，冯桂芬也在旅居上海期间接触大量西文书籍，更加深刻地了解西方文明。基于此，他在《校邠庐抗议》一书中，对晚清政府的外交政策提出了批评。

　　两次鸦片战争的失败，令国人重新审视已有的"夷务"（外交）政策，然而长期闭关锁国，致使不少国人在此时仍不能重视外交问题。因此，冯桂芬提倡重整"夷务"，并指出"夷务"问题是"当今第一要政"，同时也将是未来国务中的重要部分。在冯氏看来时人对于"夷务"的认识，仅停留在如何御敌上，忽视如何与洋人打交道，这样无数次战和过后，除了割地赔款，无法得到更多切实有效的"驭夷"策略。他主张，对待外国人要"以理服人"，要与洋人讲"信"。然而除"信""理"的建设、沟通外，还需要对洋人有全面的认识，对未来的外交形势有预判。

　　在冯桂芬看来，晚清世界格局，并非当朝学者所提类于"秦时六国"，西方列强各自强盛数百年历史，没有哪个国家可以一下子吞并掉另一个国家，诸强之间相互钳制，即便是在华利益分配问题上，列强意见常不一致。尤其是俄罗斯和英国，一直觊觎我国东北和西南地区，近十几年"夷务"的重点当处理好俄、英与我国之间的外交事务。冯桂芬对外交发展趋势的判断是十分准确的，第二次鸦片战争后英国一直未放缓在华攫取利益的步伐，而俄罗斯更是加快蚕食西北边陲的步伐，从我国掠去大片土地。

　　面对这样危机四伏的外交局势，冯桂芬建议应培养有一定专业知识的外交人才，尽可能避免给西方列强开战的借口。这种专业外交人才，需要对西方文化、制度、宗教、风俗、贸易等内容谙熟于胸，头脑灵活、冷静，善于言辞，能在第一时间内将事态稳定。咸丰时期，江苏布政使吉尔行阿在处理清兵与西人冲突时，第一时间赶赴英领事馆据理力争、平息事端，其能力非常值得肯定。在冯看来晚清外交就应当培养像吉尔行阿这样有"驭夷"能力，善于分析外交情势的专业外交人才。

冯桂芬对军事、经济改良的构想

冯桂芬除了对政治、外交事务提出了一套改良构想外，还对军事、经济设计了一整套变革方案。

两次鸦片战争的失败，促使国人开始正视西人的"船坚炮利"，不少人提出向西人购买洋枪、火炮，再战之时双方装备旗鼓相当，就不会失利了。然而，冯桂芬却并不认同这一观点。在他看来对外战争的失败，并不能归结于"船坚炮利"这一客观因素，因为席卷江南大部分地区的"太平天国"起义并未使用洋枪洋炮，却在很长一段时间内打得清军毫无还手之力，这就说明整个军队的选拔、管理、装备等理念全面落后，不能适应时代的发展。

咸丰二年（1852），太平天国起义军于广西起义后，历经永安突围，长驱北上进犯湘鄂。为了尽快平息叛乱，镇压起义，清廷先后派汉军绿营和八旗军队分别南下剿匪，不料均铩羽而归，这令朝廷顿时手足无措。原来自清兵入关以后，实行满汉分治政策，八旗士兵常年闲居于北京城内遛鸟、斗蛐蛐儿，战斗力大幅减弱，而汉军绿营因常年负责剿灭地方叛乱，自身损耗较大，战斗力也不足以抵抗太平军的进犯。最后清廷还是靠守制在籍的曾国藩所组成的"湘军"（亦称"湘勇"），才平息了太平军的叛乱。然而这一事件，深刻地暴露了清军战斗力低下、管理腐败、装备落后等一系列问题。

第二次鸦片战争后，不少有识之士开始批评已不再适应时代发展的军事管理制度。冯桂芬作为一介儒生，一生未进入兵部任职，却对军队提出了一整套变革方案，可见其平时对军队问题多有考察。他的这一系列军事变革思想包括废除武举制度、重整军队人数、新增西式装备训练三部分内容。

首先，冯桂芬考察军队来源建设问题。在他看来传统的武举考试并不能将全国上下优秀的习武之人囊括入内，与文科进士相比较，武科进士大多最后未成为功勋卓著的战将。之所以造成这一区别，主要还是与世人对武科取士认识相关，武科实际社会地位远低于文科。一来，旧时大家族子孙参加科举主要希望能够登科及第，入仕为官，为自己家族带来荣耀与些许福利，而武科进士很难立刻封官带兵，因此大家族多不愿意让子孙参加武科考试。二来，武科考试费用高昂。习武之人本就比学文之人要少，村镇中私塾老师不少，只要家里经济负担得起，不少人家会把孩子送入私塾念书识字。但武师却很少见，寻常村镇更难遇到，只有拥有一定社会资源的人，才可以拜访到武师学习。因此，习武之人远少于习文之人，武师收费亦远高于私塾先生。再者，就当时朝廷将领出身来看，多数人均出身于行伍而并非武举。原因在于武举考试内容多为比试射箭、刀剑、棍棒、马步等内容，与行军打仗并无太大关系，选拔出来的武生多为大力之士，并不一定能行军打仗。这些都说明武举所选拔的人才，最终未能为国家出力，武举已经偏离了其设立的最初目的。因此，冯桂芬认为撤销武举制度势在必行，这种取士方式既无法为国家提供优秀的武科人才，又浪费大量的人力、物力考试资源，不如革消重新议定。

在论述了裁撤武举取士制度的理由后，冯桂芬提出了一系列改良措施。停办武举考试后，武科人才的选取主要通过举荐的方式完成，原先通过武举考试后所设置的功名如进士、举人、生员仍旧保留，赏与举荐合格者。各地对于荐举武举人员无名额限定，只要符合考试标准，均给予功名。而那些经举荐考核合格后获得进士功名的武举，可直接授以职位，留用京师者分配至京郊兵营见习，赴外省就职者则配至任职省兵营见习。其余获得举人、生员功名者，分配至各兵营见习，如果愿意留营参军，则按照一定标准配发军饷，如不愿意参军者，仍可回籍自行谋生。

冯桂芬对武举弊端的分析，是非常精准的。晚清时期武举早已失去其纳才取士的最初功能，每年举行的各级武举考试耗费国家大量人力、财力、物力，最终却未能为国家网罗人才，因此他倡言停办武举考试，改为举荐考核。冯桂芬的这一设想为后世学者所认同，并最终实现。光绪二十四年（1898）戊戌变法中，康有为、张之洞等人向光绪帝进言，要求改制武举。最终光绪二十七年（1901），朝廷下令停止武举，改令举荐童生入伍学习。

其次，冯桂芬提出对已有军队进行重新整编，清除队伍中的老弱病残，减少军饷浪费，重新扩招青壮年入伍。第一次鸦片战争是中英之间较小规模的海上冲突，战火并未波及国内大部分区域。而轰轰烈烈的太平天国起义，使得清王朝军队弊端尽显，如军队战斗力低下，招纳老弱病残入编，虚报军队人数以骗取军饷，等。不少号称百万之师，其实际能参战的人数不过二三十万，整个军队内部"各营兵额大都虚额十分之三，甚至十分之四五，老弱占十分之一，炊爨洒扫之夫占十分之一"，整体能参与行军打仗的人数不及半数。因此，冯桂芬倡议重新整编全国部队人数，剔除老弱病残、虚报骗饷的虚额，减少国库军费开支。

在重整军队编制，剔除虚额、老弱残兵后，冯桂芬倡导从武科中选取优良生员进入军队。一方面武科在录取学员时造有相关名册，记录生员籍贯、年龄，因此不易被顶替仿冒。武科录取生员，大多年轻力壮，稍加操练便可大幅提高队伍战斗能力。裁撤军队过半虚职，可以减少不必要的军饷浪费，提高现有士兵待遇，另外再补充武举学员入伍，则军队战斗力在短期内定会大有提高。

最后，作为较早一批接触西学的国内学者，冯桂芬提出以洋枪火炮武装军队，并以现代战争方式操练士兵。在他看来，西人船坚炮利确实是其长处，战争的失败一方面缘于部队的涣散，另一方面也在于装备、战斗理念的落后。因此冯提出全面学习西方先进的军队建设方法，从武器装备、日常操练、战斗模拟等方面贯彻西方先进作战理念，认为这样才能有效地抵御洋人的入侵。同时他也指出，西方军事强国，并没有庞大的军队储备，英法两国不过三十万士兵，俄罗斯因国土面积辽阔，需六十万士兵，中国如果全盘学习西方军队建设方案，保留四十万士兵足矣。

冯桂芬对晚清军事变革的构想是全面而有效的。首先，他倡议淘汰过时的武举制度，减少武举制度所浪费的人力、物力，停止向军队输送无利于提高战斗力的人，这样一来就从人才选择方面，革除了军队士兵的来源问题。其次，整顿现有军队编制，裁撤老弱病残与虚职，为重新选取上来的优秀武举生员，提供编额，并提高军饷，使得更多社会优秀人才进入军队系统中，提高士兵素质，提升军队战斗力。最后，在解决社会武举取才问题以及部队编制重整问题后，冯桂芬建议全面按照西方先进军事理念武装军队。所有部队仿造西方先进的装备进行武装，聘请专人赴西方学习军事操练之术，回国后赴各军营操练士兵。这就使得士兵不仅在装备采纳西人洋枪火炮，更是在行军打仗上亦接受西方先进理念，这才能使军队在面对外敌入侵时不处于劣势。总体而言，冯桂芬的军事改良构想，涉及取士、整编、武装重整各个部分，涵盖整个军事整顿的诸多方面，较为系统全面地解决当时军中的几个重大问题，可见他对军事弊端的认识是深刻而准确的。

虽然冯桂芬为官时间并不算长，但其少时即亲见林公处理政务、青年又出任数位地方大员幕僚，中年作为乡绅积极参与地方政务，这些经历使得他对晚清社会各种弊端认识是全面、深刻的。除了讨论政治、外交、军事的不足外，冯桂芬还指出经济方面所存在的各种问题。

清政府整个财政体制主要分为两个部分：第一，财政管理；第二，收支形式。财政管理主要涉及全年财政收入、支出管理，而收支形式则主要包括每年的田赋、漕赋、盐税、杂税等；财政支出则指军饷、官俸、八旗经费等。为了更好促进清政权的良好运行，冯桂芬提出一系列经济改良方案，通过严格管理财政收支的各个环节，提高国家财政收入，减少不必要的财政支出。

首先，冯桂芬就每年国家财政收入中各部分赋税问题展开探讨。清代赋税项目较多，主要有田赋、漕赋、土贡等内容，冯桂芬对这些赋税均提出了自己的改良方案。田赋一直是百姓赋税中最重要的一块支出，冯桂芬所居住的江南地区一直为沉重的田赋问题所困扰，冯母曾在晚年感叹重赋给家人以及地方百姓带来了较大的生活压力，希望儿子长大为官能解决这一问题。桂芬遵从母愿，父丧守制在籍期间，提出"均赋"建议，为苏松太地区百姓减赋奔走努力。在《均赋税议》一文中，他详述了苏松太地区重赋的由来以及解决方案。在他看来导致赋税不均的主要原因在于土地丈量标准不一，有些地方大户为了占有更多田地，同时少缴赋税，买通当地官吏，采取与国家标准不一的土地丈量方式，通过少报土地面积而减少赋税缴纳。地方官吏为了完成朝廷下达的征缴赋税的任务，则将这批大户未能完成的征缴税额转嫁到普通百姓身上，丈量土地时仍旧选取与国家标准不一的弓尺，增报普通百姓土地亩数，令其承担多余赋税。这就导致江南地区百姓，一方面承受着国家重赋的压力，同时还需承担大户偷漏的税额，生活苦不堪言。冯桂芬在办理江南"均赋"一事后，提出统一全国测量单位以及测量方法，这样可以遏制富户、大户买通官吏，假造赋额。同时，有利于百姓明确土地所有亩数，建构社会公平，提高生产积极性。

除了田赋外，漕赋亦是晚清百姓需要承担的一项重要赋税。漕赋主要指将江南地区的米粮运往京师，在运输过程中所产生的费用和损耗。每年江南地区百姓不但要承担巨额田赋压力还需要负担额外的漕赋，这笔漕赋主要就是江南地区的粮食运往京师所需费用。为了替百姓减负，冯桂芬提出京师粮米改由京郊商贩收售、供应，不再由国家强制从南方征集。这样一来，江南地区漕赋费用大幅减少。京师地区的粮食供给，由以往凭票领粮，改为向官吏、士兵直接发饷银，人们需要多少粮食，凭饷银去京郊粮仓购买。商贩在京郊设摊收米，全国各地百姓根据市场需要折算成本后，将米粮运往京郊出售。这样延续了百余年的漕运问题，被彻底改革。政府不再管理征收、调运、分配等一系列行政事务，漕运各环节可能出现的贪腐问题也一并铲除，官吏的减少同时也为国家省下一大笔行政开支。总而言之，裁撤南漕，使百姓能根据市场需求，自主选择向京郊输送粮食，这一过程其费用多寡均由自己承担，减少以往额定漕赋所带来的重压。同时，撤销漕运相关管理部门，根除贪腐，减轻国家行政支出，因此撤销漕运在冯桂芬看来有百利而无一害。

土贡是田赋、漕赋外，百姓需要承担的又一重担。"土贡"一词出自《尚书·禹贡》中"任土作贡"，相传大禹根据全国土壤肥厚程度划定九州，并依据各地土地的承负能力制定贡赋。至汉代，"贡"与"赋"才分开，唐代土贡制度日臻完备，并一直延续发展至明清时期。清代土贡制度延续了明代土贡制度的基本方法，然而"土贡扰民"现象较之明朝更为严重。乾隆时期，仅茶叶一贡，就记载有三十余种茶贡，可见土贡对于百姓而言亦是一沉重的负担。此外，最令人感到意外的是，不少土贡产品并非当地特色，却仍需要按照要求向京进贡。冯桂芬在早年赴广西主持科考时，见到广西巡抚向其下属寄信与元宝，私下打听后才知道朝廷要求广西进贡面粉，每年数斤，然而若真将面粉一路舟车劳顿送往京城，则到京城早已变质发霉。所以，地方官吏为了应付朝廷差事，多命在京下属就地购买，装点得当后封上封印，然后上贡。这一毫无意义且耗费民生物力的事，在冯桂芬看来必须改革，他提出将原有"土贡"全部折为银两送至京城，然后集中在京采购。如果确实有物品无法在京采购完成，则由各籍在京工作官员，待回籍探亲、养病、服阙返京时带入京城即可，无须劳师动众专程运送。

其次，冯桂芬还就国家各项财政支出问题展开考察，希望节省不必要的财政支出，为国家财政做好"节流"工作。清朝的财政支出主要包括军饷、官俸、八旗经费等诸项。军饷问题在前文已有论述，兹不赘述。官俸亦占朝廷岁支大部分内容，因此冯桂芬在探讨"汰冗官"问题时，提出裁撤多余机构来减少官俸支出。在冯桂芬看来，需要裁撤的机构除了漕运、河工、詹事府外，还有内务府、地方机关中职能重复的督、抚、司、道和各衙门中的冗员。内务府本来是掌管紫禁城内部事务的机关，主要负责帝王家衣、食、住、行诸项事务。内务府下所辖制的各司多达五十余个，可以说是清朝规模最大的机关之一。相对于国家其余机构而言，内务府规模庞大，下辖机构偏多，很多机构所管理的范围有所重复，这样既不利于行政事务的高效处理，也给国家增添了经费开支。因此冯桂芬觉得应重新整顿内务机构，重新核清其各部门职能范围，裁汰多余官职，减少官俸开支。此外，地方机关当中亦有不少职能重复的官职。如清代设有总督，一个总督一般管辖两省，也有管辖一省或三省者，每个省设有巡抚一名。总督主要管理所辖范围内的军事问题，而巡抚则负责所辖省份内的民事问题。然冯桂芬认为这样的设置，有职能浪费的嫌疑。在他看来督、抚所负责的事情都是与百姓生活无直接关系的大事，并非日常琐碎民事，因此可以合并督、抚部分职能，命大省总督兼任巡抚职务，而小省则巡抚兼任总督职务。每个省都设有布政司、按察司两个机构，布政司主要掌管全省财政、民政，按察司则主要处理省内刑名事务。冯桂芬认为布政司、按察司所处理的政务并不繁多，尤其是按察司所负责的刑名事务，只需按照常例予以盘问核定即可，因此他提出将按察司归入布政司管理。道员主要是巡抚、按察的辅佐人员，这些人有的负责军队管理；有的负责盐税收缴；有的负责征粮催缴。冯桂芬认为一个巡抚无须配数个道员，可将其职能合并由一个道员完成，为这个道员配备副手即可。其余的河工、盐税、漕运等专项事务机构，也可以进行精简合并，裁撤受国家供养而无实际公事的"冗官"。

最后，冯桂芬还提出削减宗室俸禄，节制八旗经费的设想。宗室俸禄每年消耗财政支出，一直没有定额，从建国之初每年宗室俸禄约三十万两，至道咸时期每年近三百万两，涨幅高达约十倍。因此冯桂芬提出节制宗室俸禄，以减少岁支。具体措施通过"亲亲之杀"原则推定，以与皇帝亲缘远近亲疏推定宗亲俸禄等级。八旗开支亦是每年岁支中的重要部分。八旗子弟自入关后，获得优厚的待遇，一直养尊处优，闲散度日，战斗力大幅下降。因待遇优渥，又无战斗压力，致使八旗子弟生育率大幅提高，近百年内八旗人数涨幅巨大，这使得八旗经费开支年年上涨。为了解决给财政支出带来沉重负担的八旗经费问题，冯桂芬倡议向八旗子弟分拨田地，命其自行耕种，体力过人者可继续留在兵营，体力不及者则命其务农自食其力，以减少岁支。

冯桂芬的经济构想主要从财政收入、支出两部分入手，力图通过对国家财税收支"开源节流"，达到增加国库收入的目的。此外，他还倡导广泛种桑养蚕，鼓励开矿，来增加国家经济来源。他认为我国西北地区幅员辽阔，但多为风沙所侵蚀，每年无法遏制的沙尘使得西北地区一片荒漠，最终土地闲置，未能得以很好地利用。若在西北地区推广种植业，既可以消除沙尘肆虐所带来的不利影响，又可以扩大土地利用率，一举两得。为此，他对西北地区的土质进行实地考察，随后得出西北土壤虽然看起来干燥，但实际还是适宜植物生长，西北瓜果质量远胜于内陆产品即是证明。南方桑树具有一定的抗旱性，可以推广至西北种植，所产桑叶可用来养蚕，发展丝绸业。按照其设想推广开来，数十年后京西将全部为绿色所覆盖。冯桂芬之所以设想在西北地区推广桑树种植，是因为他留意到蚕丝作为当时中国出口商品的大宗，国外市场对其需求量较大。因此他主张在西北发展桑树种植，既可以增加国家财政收入，同时也能在国际贸易市场的竞争中，争取扭转"入超"局面，追回外流的白银。

此外，冯桂芬还提倡开矿富国。矿业开采一事在今天看来是非常普遍的事情，然而在清代却饱受非议。不少民众对矿业开采缺乏基本的常识，认为开矿一事会破坏风水，并且开矿会扰乱人民的安定生活，因此朝野内外一片反对之声，可冯桂芬并不这样认为。他指出开矿是富国措施中的重要部分，在西方国家为常有之事，实际上矿业在西方社会已经成为国民经济中的重要组成部分。因此，在不影响中国现有政治制度格局的前提下，向西方学习经济运营方式，并不为过。并且，冯桂芬敏锐地意识到西方列强对我国矿产的觊觎之心，为了防止列强借战争、外交、贸易纠纷，掠夺我国矿产资源，国家应提前自行开采矿产，防止资源外流。

冯桂芬作为转型时期重要思想家，其财政思想中明显带有"传统"与"近代"兼具的特色。作为长期受儒家文化熏染的士大夫，冯的财政思想有明显的"兴利除弊"色彩，这主要表现在改良田赋、盐政等传统农业收入。客居上海的岁月，使其有机会深入学习西学，因此他也提出了一系列"为国开源增富"的建议，如"倡开矿"。综观冯桂芬的这些经济改良思想，都带有鲜明的时代特征，亦有一定不切实际的空想成分，这都是不可回避的时代问题，但不能因此否认冯氏思想在当时所起的积极作用。

冯桂芬的教育思想

除了针对西学、政治、外交、军事、经济等问题进行分析外，冯桂芬着大量笔墨谈论教育问题。他殷切地希望通过改良教育，以达到教育国民，改造社会的目的。冯桂芬对教育的探讨主要集中于四个方面：倡导教育普及；尊师重教；改良科举；创建新式学校。

冯桂芬认为当时中国教育存在两大弊端：第一，教育普及率较低，且教育内容跟不上时代需求，使得整个社会缺乏大批适应时代发展的高素质人才。第二，教师地位低下。社会对于教育不重视，致使教师无心教书，社会更难获得高素质人才。因此冯桂芬从这两方面着手，希望从整体改良现有教育机制。

他提出要在全社会推广普及教育。之所以要在全社会推行教育工作，是因为冯桂芬发现原有的教育资源只限于小康以上的家庭才可以享受到。在温饱问题未能解决之前，很多贫寒家庭无力供养孩子进入私塾读书，这就使得整体国民素质并不高。因此，冯桂芬希望通过推行全民教育，来提高国民素质，为社会输送更多优秀的人才。既然要推行全民教育，就应当从社会最基层的宗族单位推广起。因此，他倡导以一宗姓为基础设立一"义庄"，在此"义庄"内设立育婴室、读书室、严教室、恤嫠室、养老室等机构。"义庄"的经济来源由族内各家出资，且各家共同处理庄内的教育、养老等问题。冯桂芬的"义庄"设想，主要还是源于一个士大夫对儒家人伦秩序的重视，希望通过建设宗族"义庄"来解决族内老弱病残的生活问题，同时也在庄内设置教育机构，使族内贫苦子弟能接受教育。这种"义庄"内的教育，既能给贫困子弟以学习的机会，同时也能使子弟在"义庄"内亲身体会到建构儒家道德秩序的重要性。冯桂芬依托地方宗族设立"义庄"的构想，其目的还是希望从社会最基层的宗族出发，以宗族为单位推行教育改革，希望通过宗族内部的变化使得整个社会风气得到改善。

当然，冯桂芬也并未将全民教育的推广只寄托于宗族一方面，他同样希望官府在推广全民教育问题上作出一定的贡献。他建议各地方官府设置化良局、善堂等机构，收留游民、弃婴及宗族无法教育的不肖子弟，强制对其进行教育，勒其改过。善堂主要收留弃儿，负责他们的生养、教育，同时还兼管不肖子弟的教育等问题。化良局则主要收留的是妓女，希望她们能在这里改过自新，故名"化良"。官府所建立的这样一套机构与民间宗族所建立的"义庄"，在设立时间与职能范围上有一定的区别。官方机构主要目的是强制解决社会上的一系列问题，倘若社会风气较好，则化良局、善堂无须保留。因此冯桂芬建议化良局、善堂设置以三年为限，三年后根据世风情况考虑是否裁撤、保留。而作为社会教化的基层单位，宗族设置的"义庄"则需常年保留。

冯桂芬对全民教育问题的设想，并非无源之水。前人魏源就曾提出通过整顿教化来改变当时的社会风气问题，但是魏源并没有拿出针对这一设想的具体改革措施，这或许是因为冯、魏二人所面对的社会局势并不相同。冯桂芬之所以主张在社会基层推广全民教育，与其接触西学有着一定的关系。他曾在《校邠庐抗议·收贫民议》一文中，感叹瑞典、芬兰两国推行全民教育所获得的成就，使"国无游民无饥民……国无不识字之民"。因此他提出效仿西方，令"有十五以下不读书，十五以上不习业者，称其有无而罪之，仍令入善堂读书习业"。

其次，冯桂芬主张提高教师待遇。在他看来教师对于教育起着至关重要的作用，教育质量的优劣与教师有直接的关系。当今之世急需好的教师，但是社会给予教师的地位、待遇与其所承担的任务不相匹配。虽说每个郡县都设有学校，校内也有老师给学生授课，但是师生之间互动极少，老师只负责传授知识，毫不关心学生的身心健康、德性养成，师生之间只有利益而无情谊。社会之所以出现这样的情况，在冯桂芬看来是因为"师道不尊"久已，教师无法获得一定的社会地位与社会认同，则无授业传道之心。

因此，冯桂芬主张提高教师的社会地位，认为教师地位应等同甚至高于官员地位。社会应当给予教师特有的尊敬，无论国家还是地方都应当以最高的等级善待教师。地方选取教师，主要由地方学生投票推选，官员负责统计得票最高者，聘为先生。只有提高了教师待遇、地位，才能使"尊师重教"的风气风行于民间，可谓风气正则贤达举，人才出则天下兴。

再次，冯桂芬对已盛行于世千年的科举制度提出改良建议。科举制度起于隋唐时期，伴随封建制度绵延千年，一直是各封建王朝取士的重要手段，也是读书人必经的一条路。冯桂芬虽然在科举路上走得颇为顺畅，但这并不影响他对科举制度进行反思。在他看来，当今的科举制度已经跟不上社会的需求，并且繁重的考试安排，给贫寒子弟带来了极大的经济负担，因此，他主张整体改革科举制度，包括改革科举考试内容、考试次数、增加新的考试内容等。

现有科举考试内容已经数百年未经改革，考生们对于这样一套考试制度早已谙熟于胸。然而不少钻营学子，从不埋头苦读，一心只想通过打点关系，走科举捷径。因此，冯桂芬主张改革科举内容，从严出题，使得钻营之人无利可图。他的具体改革之法，即将每场科考减少为只考三项内容：经解、策问、古学。第一场考经解，主要考查学生对十三经的熟悉掌握程度，除了考十三经外，冯桂芬还建议在试卷中增添算学内容。第二场考策问，策问主要考察学生的史学功底。第三场考古学，所谓的古学即让学生分别以散文、骈文、赋等三种体例各作文一篇，考察学子的文学素质。经过重新设计的考试内容，较以往八股文而言，考察得更加全面，更能全面反映学生的综合素质。

除了改革已有科举考试内容外，冯桂芬还主张减少科举考试的次数，合并部分科考场次，改变科考地点，为学子减轻科举所带来的经济负担。明清时期科举主要分为乡试、会师、殿试。乡试在各省城举行，乡试合格者次年赴京参与会试，会试通过者则留京参与最后的由皇帝主持的殿试。冯桂芬认为刚踏入科举之途的学子，不少来自社会下层贫苦之家，读书已耗去家中大量财力，不少学子无力负担赴京会试的费用。因此，他主张将会试改在各省城举行，时间则定于乡试发榜后一个月。这样使得学子赶赴省城参加完乡试后，无须舟车劳顿返家再赴京，节省了人力、物力、财力。会试虽然改在各省城举行，但取士的方法、条件与在京举行时一致。

冯桂芬对科举考试的重新设计，努力使之适应当时社会的需求，无论是增加新的考试内容，提高考试的公平性，还是减少考试对贫寒学子所带来的经济负担，等，都不涉及废除科举制度。这说明冯桂芬仍旧肯定科举制度为国家取士所作出的贡献，认可科举制度带动社会各阶层人员的流动，为生活于底层的贫寒学子提供进入庙堂的平等机会。并且他对科举内容的改革，显示出他思想中对西学的接纳，带有一定进步意义，为晚清教育现代化作出了重要贡献。

最后，冯桂芬提出设立新式学堂的设想，希望通过全面的教育改良，为社会提供更多适应时代的新式人才，推动国家的发展。冯桂芬对新式学堂的设想始于他守制在籍时期，当时太平天国已建都南京，冯桂芬被派往苏州协助官府组织军队对抗太平军。避居上海后，他大力主张建立"中外会防局"，联合租界内的洋兵共同剿灭太平军进攻。正是在此时，冯桂芬有了直接和洋人打交道的经验，这使他深切地体会到语言学习对当时的中国是多么重要。在他看来向西方学习的第一步，就应当学习其语言，建立好沟通的渠道。然而当时国人的外语水平，令冯桂芬忧虑万分，与英军商谈之际，许多中国的官员根本不懂英语，无法直接与对方负责人交涉，只得将翻译的任务交给"通事"。而当时的"通事"，都是一群市井小民，略通几句洋文，翻译过程中极不负责任，若将国家外交重任交予这些人，后果不堪设想。因此，他萌生了培育优秀外语人才的设想。

在《采西学议》一文中，冯桂芬完整提出了培育外语人才的构想，并将其呈给曾国藩、郭嵩焘等官员，希望他们看后能考虑推行建立外语学校。在文章中，他详细论述了创办翻译学校的整体构想，包括学生来源、学制设置、教师聘请、教材选择、毕业工作等一系列问题。最终，冯桂芬建立外语学校的构想得到了实现，在政府的批准下，上海建立起了"同文馆"，冯桂芬亲自参与了同文馆筹办的全过程。看到自己对教育的设想得以实现，他感到欣慰万分，更期望这些入馆读书的学童在学会西语后，能深入读懂西文原典，深入学习西学中的先进科技，最终达到"能用西人而不为西人所用"的目的。

在晚清中国，冯桂芬率先意识到开办语言学校的重要性，并完整地制订出创办外语学校的整套方案，这是非常难能可贵的。学校从最初构想到创办成功凝聚了他数十年来对教育思考的心血之作，他将推广外语教育与外交、贸易、西学乃至国家富强紧密结合起来，可见这位思想家见识广博，思考极具前瞻性。

冯桂芬思想特色与时代定位

冯桂芬生于嘉庆十四年，卒于同治十三年，一生亲历两次鸦片战争、太平天国起义、洋务运动等近代史大事件。重要著作《校邠庐抗议》完成于避居上海的岁月中，同时创办上海同文馆、苏松太减赋成功均完成于这一时期，可见这是冯桂芬思想最为活跃、成熟的一段时间。冯桂芬避居上海时五十二岁，此前二十年的仕途生活，使其对晚清社会各种弊端、症结有了深刻的认识与了解。亲历夷场，感受西人生活方式，令其重新审视、接纳西学中的进步内容，并在日后涵化、推广西学。因此他提出"以中国之伦常名教为原本，辅以诸国富强之术"，希望通过推行自己的改良方略，助当时中国走出受列强侵扰的困顿局面。而他的这一论述，也开了"中体西用"的滥觞，成为洋务运动的指导思想，使其成为近代史上著名的思想家。

冯桂芬思想之所以能在当时受到部分官员、学者的推崇，并部分践行于世，这与其思想定位准、易协调、可执行有密切关系。

首先，冯桂芬在撰写《校邠庐抗议》一书前，已有二十年的仕途经历，对晚清社会中科举、水利、土贡、漕粮、冗官等问题有深刻的认识。多年的为官经验，使他能准确找出弊端产生的原因，改革的症结在何处。故在设计一系列改革方略时，直指改革要害问题，在一定程度上能有效解决时政问题。正是因为他对问题产生的来龙去脉分析得极为透彻，才使得其文章被不少学者、官员评价为"百世不刊之论"。

其次，冯桂芬的改良方案设计较为灵活，实施起来具有可协调性，因此在当时获得不少官员认可，部分改良设想在其有生之年即获实施。例如，冯桂芬对开办外语学校的构想就非常全面，在他所设计的方案中全方位讨论了校址的选取、学生的来源、经费支柱、教师选取、学生招收规模与就业安排。正因为充分考虑到方案实施时可能遇到的困难，才使得他在最后筹备建校过程中多方协调，促成了中国第一所翻译学校的成立。学生毕业后进入相关岗位工作，为中国培养出第一批土生土长的外语人才，这在 20 世纪中国是非常宝贵的一笔财富。

值得肯定的是，这一系列改革方案的最大特色，即可执行性。晚清中国，面对内外重重困境，当政者一方面想通过改革为帝国带来新的活力，另一方面亦忌惮改革对保守派、顽固派所带来的冲击将导致国内动乱。面对这一特定历史局面，考虑到国内政治形势以及种种不利因素，冯桂芬将自己的一系列改良方案进行了巧妙的包装，使得顽固派无法对其进行批驳，又能解决当世积弊。例如，冯桂芬对加强地方自治的设想，或来自于西方民主思想的启发，但他却以"复乡职"的方式提出。又如，冯桂芬倡导倾听地方民意的主张，亦受到西方"公议"思想影响，但他仍以"复陈诗"的方式提出，使得国内的保守人士不至于闻"公议"而色变。这些事例都说明，冯桂芬在考量改良方案的推行时，充分注意到可执行性这一问题。他努力从传统行政制度中抽取可用资源，包装其改良方案，使当权者、保守分子等改革阻力，不会贸然反对其改良方案。

综观冯桂芬的一系列改良方案，我们发现在其改良方案中常涉及"人情"一词。这里的"人情"既非官场、社交中的

"人情往来"，亦非生活中人的"七情"，而是指当时中国的实际情况。当时社会能在多大程度上接受改良，改良能推行到哪一步，这都需要建立在丰富施政经验的基础上。因此有二十年的官场经历，又曾避居洋场，古今中西知识莫不通晓一二的冯桂芬，在设计改良方案时，充分考虑推行情况与可操作性。当时国内有不少先进思想家，具有远大的报负与理想，或困于科举，或失意官场，缺乏从政经验。他们的改革思想立意很高，期望能解决所有的弊端症结，但难以推行、操作。同时，经验丰富的官员虽然有大量执政经验，或出于利益原因不愿改革，或理论水平有限无法提出全面的改良方案，使得全国上下面对困局没有切实可行的解决方案。冯桂芬既有从政的经验又有理论创造，这也使得他的《校邠庐抗议》能在数十年后戊戌变法期间还有广阔的传播和接受空间。

冯桂芬一生主要经历道光、咸丰、同治三朝，在其一生短短六十余年间，经历外敌入侵、割地赔款、农民起义、口岸开放等一系列重大变革。其思想形成过程既受到历史事件的影响，也受到不同思想家思想的影响。如少时跟随林则徐读书，深受林则徐"经世"思想影响；为幕时期，结识了一群经世派学者，众人日常切磋讨论，加深了冯桂芬对"经世致用"思想的认识。而中晚年避居洋场时期，与洋人直接接触，使其有机会全面、深入了解西方文化、制度。这两种不同的思想来源，深刻地影响了冯桂芬的一系列改良思想。冯桂芬既有对本土经世思想的学习，又有对西方思想的了解、认识，加上丰富的为官办差经验，使得他所提出的一系列改良思想，在当时获得学界不少学者的认同。他的改良思想直接影响了"洋务运动"，成为不少洋务派心中的指导思想，并且绵延至 19 世纪晚期，为康有为、梁启超等维新派所接受。

冯桂芬的一系列著作多完成于 19 世纪 60 年代，传抄于 70 年代，刊印出版于 80 年代，笺注讨论于 90 年代，可以说其著作影响整个 19 世纪下半叶。可见冯桂芬在中国近代思想史上占据的重要地位，上承经世致用之风，下启中体西用改良思潮。

作为晚清著名思想家，冯桂芬是促使中国从传统走向近代的一位重要人物。其所生活的晚清社会，在面对西方军事、经济、宗教、文化等一系列挑战之时，已经丧失了回应的能力，整个政权从中央到地方，制度腐败，行政能力低下。当朝有识之士已经意识到改革必须被提上日程，他们大胆提出自己的改良方案，从各方面抨击时弊。作为其中的佼佼者，冯桂芬的一系列社会改良思想，虽从西学中汲取养料，但他仍努力在传统文化内部寻找相似资源，为其改良提供理论支持。这一系列改良方案既切中时弊，又较易推行；富有广阔的世界眼光，又不离中国国情现实。因此，我们有理由认定冯桂芬是晚清近代社会著名思想家、改革家，他的社会改良思想在今天仍具有一定的借鉴意义。

附 录

年 谱

1809 年（嘉庆十四年） 九月初十子时，出生于江苏省苏州府吴县。因出生时，正值桂花开放，故得名桂芬。字景亭，号林一，因生前，母梦老僧门前献苹果，故又号梦奈，晚号愬叟。父亲冯智懋，字名扬，号春圃。母亲谢氏，浙江嘉兴人。

1812 年（嘉庆十七年） 弟弟冯兰芬出生。

1826 年（道光六年） 冯家遭遇大火，屋宇化为灰烬。

1827 年（道光七年） 参与院试，录取为博士弟子员。同时获得江苏学政辛从益的赏识，被录取为学官弟子。

1828 年（道光八年） 入苏州正谊书院学习。同年，应本省乡试，中副榜。

1829 年（道光九年） 其姐出嫁。九年冬，家中再遭大火，屋宇尽毁。

1830 年（道光十年） 幼弟兰芬卒，年仅十八岁。

1831 年（道光十一年） 与年长自己六岁的黄氏成婚。

1832 年（道光十二年） 时任江苏巡抚的林则徐到苏州考察书院，招募冯桂芬到署中读书。据冯桂芬回忆此事，认为自己获得"一时无两之誉"。八月，中壬辰科江南乡试第十六名举人。

1833 年（道光十三年） 三月，赴礼部应试，结果不幸落第。心情抑郁，自赋诗云："落花时节每相逢，一度来游一凄绝。"充任江阴县知县书记。县令因一生员欠粮，欲夺其功名，冯为此力争，触怒了知县。又因为同事排挤，最后决定离职。长子芳缉出生。

1835 年（道光十五年） 赴本省乡试，再次落第。

1836 年（道光十六年）　第三次赴京参加会试，又一次落第。

1838 年（道光十八年）　在友人的劝说下，参加宗学录科考试，被录取为咸安宫教习。

1839 年（道光十九年）　幼子芳植出生。

1840 年（道光二十年）　第四次赴京参加会试，高中一甲二名，俗称榜眼。赐进士及第，授予翰林院编修一职。七月，奉父母赴京任职。

1843 年（道光二十三年）　八月，参加翰林院、詹事府大考，列诗赋第二，奉旨"遇缺题奏"，不久即出任癸卯科顺天乡试同考官。此番乡试取士十四人。

1844 年（道光二十四年）　春，参与修建顾亭林祠一事，并参加公祭活动。出任甲辰科广西乡试正考官。此番乡试，取士四十五人，副榜九人。

1845 年（道光二十五年）　任国史馆协修、教习庶吉士，参与编撰《实录》。十月二十六日，母谢氏逝世于北京。扶母柩南归，其父冯智懋随行。此后两年，守制在籍。

1847 年（道光二十七年）　十二月二十五日，葬母于吴县西长歧岭。

1848 年（道光二十八年）　春正月，守制期满，但因为父亲年事已高，暂缓赴京。应两江总督李星沅之聘，主持金陵惜阴书院。冬，其父冯智懋表示身体健康，愿与儿子一同赴京。奉父北上，继续供职翰林院。

1850 年（道光三十年）　道光帝去世，咸丰帝即位。面对鸦片战争所带来的内忧外患，咸丰诏中外大臣各举贤才。大学士潘世恩举荐冯桂芬，冯得蒙面圣。七月二十四日，父殁，扶柩回籍。受两江总督陆建瀛聘，赴扬州修盐法志。

1851 年（咸丰元年）　在扬州修《两淮盐法志》。七月，结束《两淮盐法志》的修撰工作，返回苏州。

1852 年（咸丰二年）　守制期满，准备赴京供职。作《用钱不废银议》。春，太平军占领金陵。奉江苏巡抚许乃钊特旨与程庭桂等在籍同办劝捐、团练，抵抗太平军。期间设协济局，设团防，募勇。劝许乃钊实行均赋，作《均赋议》《均赋说劝官》《均赋说劝绅》《均赋说劝缙》

《均赋说劝民》等文。

1854年（咸丰四年）　冬，上海小刀会起义被镇压。冯桂芬因在苏州筹饷、团练有功，赏五品顶戴。

1856年（咸丰六年）　五月，补右春坊右中允一职。因江苏巡抚赵德辙挽留助其完成劝捐任务，故未能立刻赴京。江南遇特大蝗灾，作《请均赋牒》，再申均赋之意。在光福建立善堂——"一仁堂"，并购置耕渔轩。

1857年（咸丰七年）　因劝捐一事，受弹劾。冯桂芬被诬告在劝捐过程中大兴土木、阿庇亲戚，有贪污嫌疑。后经调查，证其清白。

1858年（咸丰八年）　春，北上京师，儿子芳缉随侍。到达北京时，已经过了报到时间，只得在京等待来年候补。生日来临之际，作《五十自讼文》，回顾、总结自己半生际遇，回顾学问、事功成绩，兼论儿子学业、家庭、财富等问题。

1859年（咸丰九年）　旧疾复发，中秋后请假回籍休养。此后未曾再进京。

1860年（咸丰十年）　四月，李秀成攻占苏州，巡抚徐有壬被杀，苏州城被太平军占领。冯桂芬举家避难，先后搬至太湖冲山、洞庭西山等地。冬，由洞庭西山迁至上海县城。

1861年（咸丰十一年）　正月二十六日，与儿子一起游览租界。七月二十日，应江苏巡抚薛焕之聘，主持上海敬业书院。十二月十六日，迁居租界，即今延安东路。年底，参与"借师助剿"一事。作《校邠庐抗议》一书。

1862年（同治元年）　入李鸿章幕。因"助剿"一事有功，朝廷欲重新启用冯桂芬，无奈看淡仕途的冯桂芬借口生病，拒绝赴京。九月，将《校邠庐抗议》手稿送曾国藩阅览。妻子黄氏去世。

1863年（同治二年）　春，在上海创办广方言馆，并出任首任监院。代曾国藩、李鸿章撰写《请减苏松太浮粮疏》。曾、李上奏后，朝廷立刻下令重新核定税额。最终苏松太减三分之一，常镇减十分之一。冬，清政府恢复在苏州的统治。

1864年（同治三年）　　秋，返回苏州。参与重建苏州工作，完成了苏州试院的修葺工作，并主讲正谊书院。

1865年（同治四年）　　正月十九日至二十二日，陪同李鸿章在苏州拙政园宴请詹事殷兆镛。安徽巡抚乔松年举荐冯桂芬，李鸿章亦力荐。冯桂芬均以年迈为由拒绝。

1866年（同治五年）　　冬，旧疾频繁发作。因身体欠佳，无力应酬日常人际交往。决计放弃苏州城内旧居，举家迁至木渎镇，以安享晚年。

1867年（同治六年）　　二月，李鸿章以办团练有功，向朝廷保奏出力人员。冯桂芬因此获加封四品衔。

1869年（同治八年）　　受苏州知府李铭皖的邀约，负责重新编撰《苏州府志》。

1870年（同治九年）　　因李鸿章保奏，被赏加三品衔。

1871年（同治十年）　　二月，为殷兆镛夫人程氏治丧、选地。

1872年（同治十一年）　　三月十六日，奉旨加一级记录三次。因已获三品衔，循例加级，三代皆享受一品封。

1873年（同治十二年）　　与潘遵祁等人联名，奏请为上海道台吴煦修建专祠。

1874年（同治十三年）　　四月十三日卯时，病逝。十一月十二日，李鸿章奏请为冯桂芬建立专祠。十一月二十一日，与妻黄氏合葬。

参考书目

一、参考书籍

1.〔清〕冯桂芬：《校邠庐抗议》，上海书店出版社，2002年。

2.〔清〕李铭皖、冯桂芬：《同治苏州府志》，凤凰出版社，2008年。

3.〔清〕李鸿章：《李鸿章全集》，海南出版社，1997年。

4.〔清〕魏源：《海国图志》，岳麓书社，1998年。

5.〔清〕郑观应：《郑观应集》，上海人民出版社，1982年。

6. 李少军：《魏源与冯桂芬》，湖北教育出版社，2000年。

7. 熊月之：《冯桂芬评传》，南京大学出版社，2004 年。

8. 郑大华：《采西学义——冯桂芬马建忠集》，辽宁人民出版社，1994 年。

二、参考论文

1. 陈纯仁：《冯桂芬的政治思想》，《南京师大学报》1987 年第 3 期。

2. 陈旭麓：《论冯桂芬的思想》，《学术月刊》1962 年第 3 期。

3. 丁伟志：《校邠庐抗议与中国文化近代化》，《历史研究》1993 年第 5 期。

4. 黄鸿山、王卫平：《晚清思想家冯桂芬近代慈善理念的确立及其实践》，《江海学刊》2009 年第 1 期。

5. 黄茂林：《略论冯桂芬的中西文化观》，《厦门大学学报》1990 年第 2 期。

6. 贾熟村：《冯桂芬其人其事》，《清史研究》1998 年第 3 期。

7. 雷颐：《从冯桂芬到郑观应——洋务思想家试析》，《近代史研究》1984 年第 6 期。

8. 李永协：《自强与西学——论冯桂芬的革新思想》，《暨南大学学报》1981 年第 1 期。

9. 李祖龙：《论冯桂芬的人才学》，《历史知识》1981 年第 4 期。

10. 谢世城：《冯桂芬吏治思想述评》，《南京师大学报》1997 年第 1 期。

11. 徐启彤：《冯桂芬教育思想论述》，《苏州大学学报》1997 年第 3 期。

12. 熊月之：《略论冯桂芬在中国近代思想史上的地位》，《上海行政学院学报》2004 年第 1 期。